U0925693

社会视角下的民初政治转型

1912-1928

毕竞悦◎著

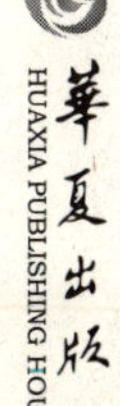

華夏出版社
HUAXIA PUBLISHING HOUSE

目　录

导论

辛亥革命后，中国结束了两千多年的传统治理模式，开始向现代治理模式转型。中国传统治理模式以儒家意识形态、君主制为核心，现代治理模式则以立宪法治为核心。这是中国历史上一次重大的变局，而这次变局又具有后发性和回应性的特征。也就是说，中国的现代转型并非自发的结果，而是回应西方冲击的产物。[①] 这昭示着这次转型的异常艰难。今天，当我们翻开史书，常会看到关于民初“宪制”的种种描述，有时会为其“先进性”而感动，有时又会横加指责其不完善。我们究竟应该如何看待民初宪政？如何评价民初政治转型？本书试图提供一种解读的视角。

一、为何关注民国初年？

本书研究的时间段主要是北洋政府时期，即从1912年中华民国成立到1928年南京国民政府宣告完成统一这段时期。在行文中，笔者也会以“民国初期”来表述这段时期。以往对于北洋政府的评价以否定性居多。而笔者认为，北洋政府时期是中国近代史上一个“接近

① 参见林毓生：《中国传统的创造性转化》，生活·读书·新知三联书店，1988年。

宪制”的时期。在数学函数中，有一个概念称为“无限趋近于”，表达的是一种接近却无法达到的状态。这个概念可以较为恰当地描述出中国民初的宪制状态，接近宪制，却未能实现宪制。

“宪制”是西方的舶来品，在古希腊和古罗马之时就出现了对于宪制的探讨。古代宪制强调的是限制政府权力和依法而治，现代宪制在此基础上加入了人权保障的成分。所谓宪制，一种通常的表述是，限制国家权力，保障公民权利。这种说法比较形象，但未揭示出宪制作为一种现代性政制与传统政制的本质区别。宪制最实质的地方在于依赖于一套理性法的统治，而这套理性法在现代国家则是与民主合法性联系在一起，也就是由传统的主权在天、血统正当转变为现代的主权在民。通过民主程序赋予法律以合法性，国家依赖这种具有合法性的法律来进行治理，建立起制度理性。具有民主基础的法律才可以成为现世的治理的合法性基础。虽然有些国家是君主立宪制，但是已经改变了主权在君的体制，建立起了现代的议会机制。在宪制之下，意识形态[①]合法性将让位于程序合法性。所谓实现宪制安排是指达成宪制下的相对稳定状态，这也是一个各方经协商而妥协和承认共同的基本规则的过程，这种稳定状态不同于中国传统国家的超稳定状态。中国传统国家的超稳定状态依赖于一套以道德为基础的意识形态，国家形态表现为一种政（治）-社（会）一体化国家，而宪制下的稳定状态则是依赖于一套理性法，社会领域与国家有所区别，但形成良性的

① 意识形态是本书的一个关键词。在本书中，意识形态主要指政治意识形态，是权力的重要组成部分，权力的核心支柱，为权力的存在提供合法性解说，具有再造社会的功能。

互相支撑，这样公民的政治权利才有实质性的保障，不至于被国家力量吞噬。在此基础上才可能有真正的基于民主合法性的理性法，制度的变革和发展也不会脱离宪制轨道。实现宪制并不意味着国家制度就完美无缺，它只是一种相对稳定的现代政制模式，即使发生冲突也可以在这个宪制框架下解决。比如美国，虽然被公认为制度比较成熟的现代国家，但仍然发生了南北战争，不过南北战争并没有对美国的基本宪制构成冲击，而是促进了制度的进一步完善。

民国成立，建立共和，具有了实现宪制的制度框架，当时精英阶层对于建立共和也有了基本共识。[①] 分歧主要在于具体制度的设计上，虽然也有过帝制复辟的插曲发生，但是复辟往往遭遇巨大的舆论谴责，成为开历史倒车的一种表现。可以与北洋政府相对照的是之前的晚清立宪与之后的国民党政权。

中国自 19 世纪 60 年代洋务运动起开始了现代转型的历程，正如通常所认为的，洋务运动专注于器物层面，未能触动政治制度。1895 年，中日甲午战争以中国战败而告终，这成为中国近代史上一道重重的伤疤。1840 年之后，清廷在国际关系中基本处于劣势，用大炮打开中国大门、逼迫清廷签订不平等条约的都是西方国家，在西方的工业文明面前，东方大国已无还手之力。而甲午战争则不同，打败中国的是我们的邻邦日本，同样是东方国家，同样是黄种人，而且在历史上很长的时间里，日本都是向中国学习的。经历了洋务运动，中国拥有

① 值得注意的是，新文化运动开始后，宪制主义在思想界的主导地位开始丧失，社会主义、无政府主义等思潮涌现，马列主义与三民主义成为知识界的主流认知取向，后者也成为后来国民党一体化国家的理论渊源。

了世界上最先进的军舰，但是器物层面的革新并未给中国带来一场战争的胜利。少数国人意识到了更深层的东西，甲午战争以及后来的日俄战争都是立宪国打败了非立宪国。甲午战争的战败成了中国统治阶层主动进行维新的重大动力。然而随之而来的戊戌变法依然遇到了既得利益集团的强大阻力，以失败告终。接下来，对于西方的思想、制度、技术，民间爆发了巨大的反对浪潮，以义和团运动为代表。随着八国联军镇压中国民间的反抗力量，清廷逐渐意识到亡国灭种之忧，原先的既得利益集团开始主动接受戊戌维新派的理念，甚至走得更远，拉开了预备立宪的序幕。

今天，常常会听到对清末立宪未能成功表示遗憾的声音，然而深入分析会发现立宪体制与清廷不可调和的内在矛盾，最主要的问题在于王权变法的合法性与民族国家的正当性。作为现代政制的君主立宪制其核心在于立宪，打破了原来的主权在君，新建立的体制各国有所不同，有的是混合主权制，有的强调主权在国，更进一步的是君主只是一个象征，实现了主权在民，等等。然而，清廷在立宪改革时却并未触动主权在君，王权变法的合法性根据不足。此时虽然出现了预备国会资政院，但并不具备基本的宪制框架，资政院未能成为现代政治中独立的立法权分支。另一方面，在近代史上成功建立君主立宪制的国家都与重塑中央政权的合法性、结束封建割据、建立一个统一的民族国家密切相关。在这个过程中，中央权力与地方权力相互制约，达成妥协。而中国历史上便有中央集权的传统，由一个统一的中央集权的帝国向统一的现代民族国家转变，自上而下变革的动力因素不足，更何况清政府是少数族裔建立的政权，建立民族国家与统治者的利益存在着根本矛盾，因而清政府难以承担起建立现代民族国家的重任。这些根本性的问题决定了清末立宪改革的失败。

上面所说的是北洋政府之前的情况，结束北洋政府统治的是国民党政权。国民党建立起了一种党-国体制。在党-国体制中，党凌驾于政府机构之上，同时依赖于一套意识形态的统治，与中国的传统治理模式有着相通之处，[①]其政治体制与民国初期的宪制框架有着很大区别。

随着主权在民观念在宪法中的确立，民国初期的政府解决了清政府所未能解决的合法性问题，中国历史上第一次出现了立法、行政、司法三个权力部门分立的状况，公民的政治权利写入了宪法性文件。这些都奠定了北洋政府的宪制框架。

北洋政府时期可以说出现了中国近代史上短暂的繁荣。据统计，1912-1920年，按经济总产值计，平均每年增长率为16.5%，按净产值计，为13.4%。民族资本始终保持两位数的增长率，该时期平均发展速度为13.8%，略高于外国资本的13.1%。[②]这一光华夺目的数据，使得北洋时代被誉为中国经济发展的“黄金时期”。

即便如此，北洋政府却仍未能实现宪制，经过多轮博弈也未能实现国家制度的定型、建立相对稳定的制衡机制，最后走向了国民党的党-国体制。个中原因值得深思。这也正是本书把关注点放在北洋政府时期的原因。

---

① 对此的分析，参见金观涛、刘青峰：《开放中的变迁》，法律出版社，2011年。

② 参见许涤新、吴承明主编：《中国资本主义发展史》（第二卷），人民出版社，1990年。

二、社会的视角

本书的主题是“社会视角下的民初政治转型”，主要从社会的视角来分析政治转型。社会是政治的基础，政治不可能独立于社会而存在。没有相应社会因素支撑的政治转型很难成功。已经有很多关于社会与政治之间关系的研究，比如摩尔的《民主与专制的社会起源》探讨了不同政治制度的社会基础。①

与社会相对应的概念是国家。民国初期，随着统一的帝国的解体，中央权威出现了衰落的迹象，可以说民国初年属于“弱国家”形态。然而，国家能力不足与政治权力不受约束并存。所谓政治权力，主要指依靠国家机器的统治力量，具有向社会渗透的能力。虽然国家权威不足，但是统治阶层假以国家之手对社会进行控制。

社会领域是既不属于国家、也不属于私人的领域。现代社会的出现是市场经济可以不断扩张、生产力出现超增长的前提。哈贝马斯认为，和现代市场经济不断扩张同时出现的是一种传统社会不曾有过的公共空间。所谓公共空间，是指处于私人领域和国家之间的领域，在这里可以通过理性的公共讨论将个人意见和选择合成为公共意见和选择，也就是将“私”合成“公”的机制。在西方历史上，这一领域的成长与公民社会兴起同步。公共领域的兴起与传统国家的衰落有关，但是公共领域不是完全抵制国家，它与现代国家是相耦合的。没有公共领域，现代国家就很难发育成熟；反之，如果没有现代国家的制度框架，公共领域也是不稳定的。哈贝马斯高度强调国家在社会和公共

① 参见摩尔：《民主与专制的社会起源》，拓夫译，华夏出版社，1988 年。

空间形成中的核心功能。如果缺乏民族国家的一系列立法和理性化的科层组织，经济的和社会的契约关系就无法顺利建立，公共空间也得不到保障而不能正常运作。民初的国家与社会关系正是反映了这个问题。

中国近代的转型是作为西方入侵的应激机制而出现的，并不是社会自身结构变化的自然结果，这注定了中国近代转型的不彻底性。推进现代政治转型的主体力量，在西方，来自于市民社会，中世纪以来相对独立的城市孕育了市民等级，他们成为近代资产阶级的前身。正是这支力量，在争取自身经济发展和权利的过程中，推进了科学革命、工业革命和政治革命的发生。

古代中国也存在着既不属于国家、也不属于私人的社会领域，但是与孕育市场经济和现代国家的现代社会还有所不同，所体现出的是一种自给自足的封闭性。传统中国的“社会”是以家族为基础和纽带的，也就是说缺乏现代的个人观念，而现代社会应该是以独立的个人为基础。在民国初期，一些觉醒较早的知识分子开始脱离家族和乡土社会而走向城市，这是现代化的一个过程，但也意味着中国传统社会结构的破坏，而新的社会结构和社会空间并未完善。这从另一方面也说明，中国传统的以乡土秩序和家族为基础的社会结构无法自然地产生现代的以城市和个人为基础的社会领域，还需要其他的因素来支撑。

只有注重现代政治所需要的社会因素的培育，中国的政治转型才可能真正地实现。金观涛和刘青峰认为，中国传统社会之所以能实现辽阔农业社会的整合，是因为建立了以王权为中心的大一统官僚机构、绅士在县以下的自治和家族组织这样的三层次的社会结构。[1]而这些在民国初期都开始解体，王权覆灭，乡土绅士走向城市，传统的家族组织开始瓦解。中国社会面临着重新整合的需要。社会学者试图从中国传统社会寻找现代社会整合的因素，带有着太多的一厢情愿。民国初年的宪制试验就是发生在这种传统社会结构解体、现代社会结构未能建立的情况下，这种不完善的社会结构能否支撑起中国现代国家转型是一个关键问题。

本书的重点不是思想史或观念史，不是基于个人行为的微观分析，也不是从文本出发的研究，而是关注民初立宪的实际状态，即这套主要移植于西方的话语和制度的中国境况，通过对历史发展脉络的梳理，揭示转型政治的特征，发现转型的动力与障碍。这样的研究路径与本书的主旨是相应的，即意在揭示社会因素与政治转型之间的关系。本书的基本观点是，在民国初期，之所以我们某种程度上能够接近宪制，是由于社会领域自发发展的结果，而后来未能实现宪制，则是由于社会中并未形成多元的政治力量以对抗政治权力。

社会因素与政制之间的关系可以从几个方面来分析。第一，社会结构。广义的社会结构就是本书所说的社会因素。狭义的社会结构包括社会等级与社会流动，这两个因素直接与权力相关。一个社会的性质首先取决于该社会的结构。

第二，公共组织。根据社会学理论，在社会当中，如果中间组织呈现出了一种多元态势的话，走向激进的可能性会很低。在政治领域

---

① 参见金观涛、刘青峰：《开放中的变迁》，法律出版社，2011 年。

当中，政党组织作为一种政治组织，可以发挥避免激烈的政治对抗的作用。社会中层组织的密集度、多样性和力量，是衡量社会的性质和国家-社会关系的一个重要指标。[①]有效和多样的社会中层组织不仅制衡着国家权力，同时也有利于国家对社会的渗透。没有社会中层组织，国家权力将走向专制。没有社会组织与国家之间的合作，国家权力将无法深入社会，无法产生协同的社会能量以推动各种国家规划。社会中层组织可在社会群体中培养出彼此连接的纽带和契约关系，创造并维系共同的认同感和传统。社会中层组织的存在可以避免社会走向激进和革命。一个社会如果具有大量独立于国家之外的异质性的中层组织，那么，该社会一般是温和的，社会主流一般都维护现存秩序，或者仅仅追求改良式的变革。而一个中层组织发育不良的社会则容易走向极端。

第三，社会自治。具体到本书，主要研究中国重要的社会力量——绅士阶层。在中国传统社会中，建立了儒家意识形态的统治，在社会结构中，“士”阶层是一支重要的力量。随着社会转型，“士”阶层也在发生转变，传统绅士开始向现代城市绅士转型。绅士阶层也是民国初期政治权利的主要的、实际的行使者。对于绅士阶层在社会治理中的作用的分析是本书主要的侧重点。在中国传统社会，存在着一定的社会自治，随着清末国家权威的衰落，社会自治力量进一步发展。首先体现在清末咨议机构中，许多地方绅士在清末的政治活动中发

① 托克维尔论述了社会中层组织在稳定美国民主方面的作用。参见托克维尔：《论美国的民主》，董果良译，商务印书馆，1989 年。

挥了重要的作用，几次国会请愿运动就是典型体现。在政府更迭之际，政府无法很好地承担一些公共职能，地方自治作为一种替代力量发挥了重要功能，政府一部分地方行政、治安权转移到了自治团体手中。

第四，公共舆论。公共领域要对政治起到很好的促进作用，社会舆论领域的理性化很重要。在一些宪制发达国家，其言论自由也很发达，舆论会抨击政府，但是不会导致政府的解体，社会舆论可以形成一种公共理性。

三、关于研究内容

本书研究的时间段主要是北洋政府时期，为了说明一些趋势性的问题和进行对比，也涉及对于晚清改革和国民政府初建时期的研究。从北洋政府时期形式上的共和、实质上的军阀统治到国民党的党-国体制，这其中，尤其是1924年国民党改组之后的作用不可忽视，虽然当时的国民党政权不是全国政权，但是具有全国性意义，并且表明了趋势性的东西，因而，在写作的过程中，1924年之后国民革命时期是一个重点，也常作为与前一段时期的对比来写。本书的研究，大体上涉及三个阶段：一是袁氏当国时期（1912-1916年），由于清帝逊位等事件，袁世凯在形式上以及实质上具有一定的统治权威，此期间一方面表现为袁世凯的强压政治，另一方面表现为公民权利的自主发展。二是军阀混战时期（1916-1924年），这一时期群龙无首，军阀虽然不讲规则，但是公民权利也在一种近似于无政府的状态下发展。三是国民革命时期（1924-1928年），这一时期以国民党改组为开端，开启了中国的党治国家时期。但在具体的写作中，不一定严格按照这样的阶段来叙述，这里主要是通过这三个阶段的划分来说明民初政治发展的特征。

实际上，在本书中，始终贯穿着两条线。一条线是北洋政府之下公民权利的自发发展以及遇到的问题，另一条线是国民党改组之后党-国体制开始形成，重新建立起一体化国家，对公民权利进行主动的压制。后一条线是对前一条线所出现的问题的校正，但却带来了更多的问题。

本书在结构上，除导论和结论之外，正文主要分为四部分，探讨的内容涉及议员结构的单一性、政党组织的同质性、传统士绅阶层的解体、公共舆论的非理性，这四个方面都反映出了中国现代转型所面临的结构问题，即社会结构、公共组织、社会自治和公共舆论的问题。政治参与主要包括选举权与被选举权、担任公职的权利，对这两部分的分析本书主要从“士”阶层的现代转型、社会结构与政治转型之间的关系切入。政治自由的核心是结社自由与言论自由，虽然一般的结社与发表言论在任何人类社会都存在，但是政党作为政治媒介的出现、报刊等传媒工具的广泛发展则是现代的产物，对于这两部分的分析本书主要围绕着国家力量与社会力量的博弈展开。对社会结构与政治转型的论述，本书主要围绕代议政治在中国的出现和遭遇的挫折所展开，作为正文的第一部分。本书的论述以代议政治始，实是因为代议政治堪称宪制国家建立的关结点。政府的组织、中央地方关系、政党政治都与代议政治密切相关。在民初尝试代议政治失败之后，中国进入了军绅政权时期，进而又进入了党治时期。后面其他部分的问题都可以从对代议政治之挫折的分析中找到根据。与代议政治相关联的是政党政治，政党结社又是结社自由的关键问题，因而正文的第二部分论述政党结社问题。第三部分围绕着社会自治与现代官僚制的建立而展开。此部分所面对的问题更为技术化一些，是在前面的更为政治化的问题背后的一个方面，论述中会涉及对于代议政治、政党结社等的分析，因而放在正文第三部分。同时，现代国家的建立也应由政治层面进入技术层面，建立起一个工具理性的国家，因而此部分也算作观察中国现代转型之问题的一个小结。言论自由与公共舆论作为正文第四部分，与前三部分偏重于政治领域相比，这一部分实际上更偏重于对社会领域的观察。

在行文中关于一些具体问题的处理如下：

与关注个案、田野调查的社会学进路不同，本书更关注整体性的社会结构。任何历史都有例外，本书关注的是具有趋势性和整体性特征的东西。本书虽然以社会结构的分析为中心，但是关注的却是政治问题，侧重于分析不同社会阶层的政治身份和政治地位，社会力量与国家权力之间的博弈。这里的“政治”并非历史演义中的“政治斗争”，而是注重于分析事件的政治意义和人物的政治身份。

关于历史观。具体到本书，也就是如何看待中国近代的法政历程。近些年来，中国近代史的研究成为学界热点，对于近代史的看法有两个极端：一是以批判反思为主，这种视角实际上是事先设定了一种理想状态，一旦具体的制度运作不符合这种理想状态便认为制度有根本问题，在对待制度移植上，此类看法尤其突出；二是借古喻今，把一些正面意义进行夸大，从而对照今天的现实。本书关注于中国近代史上在现代转型中所取得的点滴经验，既不激进地认为只要存在问题整个方向便是错误的，也不认为只要有一点接近宪制的东西便万事大吉。

在具体的论述中，本书主要关注于中央政府，也就是全国性政府，地方问题主要作为一种对比进行论述。作为重点比较的是广州国民政府与北洋政府，由于国民政府后来发展为全国政府，体现了一种趋势性的东西。

还需注意的是，民国初期是一个动荡的年代，也可以说是一个革命的年代，反抗政府的活动时有发生。因此，公民争取权利或践行权利的行为可以分为两类，一为在政府的法律框架内的活动，二是违背现有法律的“革命活动”。当然，后者如果从自然法的角度来讲，也不一定不符合正义，但是不符合国家的正式成文法。本书主要关注的是合法范围内的权利活动，但并不是认可当时所有的法律条文都是符合自然正义的，因而同时也会对于法律条文是否符合权利精神的本质进行分析。当然，合法的行为不代表不会批评现行制度，只是并不以推翻现行体制为目的。

第一章　社会力量与代议政治

社会力量，是社会对抗政治权力的能力。代议政治是现代宪制民主的一种重要形式，形式上体现为由全体人民或大部分人民选举出的代表来对国家事务行使决定权。代议政治的状况集中反映了公民参政议政的实际情况。因而，社会力量的状况与代议政治的产生密切相关。清末民初，我国也进行了代议政治的尝试，从清末的资政院、咨议局，到民国初年的两届正式国会，是我国进行现代政治制度的重要实践，然而此后，这种代议政治的形式便中断了。本部分将主要从代议机构的议员结构和代议机构中的辩论及其对政治权力的影响两个方面，来分析中国近代以来的三个经过选举的具有代议性质的全国性机构，即晚清资政院、民国首届国会（民二国会）、民国第二届国会（民七国会）。① 其中，议员结构体现的是政治参与的实际状况，而议员在代议机构中的辩论及其对政治权力的影响，体现的是议政的实际状况。

为了说明议员结构在中国现代转型中的问题，本书并未完全局限于民国初期的时间段，将首先讨论晚清资政院，通过比较观察清

---

① 民国首届国会在民国二年（1913 年）开幕，因而又称为“民二国会”，民国第二届国会在民国七年（1918 年）开幕因而又称为“民七国会”。两届国会都几经关闭和重开，本书主要结合当选议员的结构关注两届国会第一次会期的情况，后来重开的国会议员变动情况较多。

末民初经过全国正式选举的代议机构的结构特点以及议政特点，来分析中国最初尝试代议政治失败的原因。有学者对于民初代议政治的研究包含了各省都督府代表联合会以及临时参议院，[①] 而笔者以为，这些机构更类似于制宪会议，而不是典型的议会。

一、晚清资政院：绅权与君权之间

清朝末年，进行了预备立宪改革，宣统二年（1910 年），资政院正式开院。按照预备立宪的安排，资政院属于预备国会，或者说“准国会”，正式国会拟于 1917 年召开（未及召开，清朝就灭亡了）。不过，这毕竟是中国历史上第一个全国性的代议机构。

1. 议员结构

根据宣统元年七月初八日（1909 年 8 月 23 日）颁行的《资政院院章》第二章“议员”的规定，[②] 资政院议员由下列各项人员年满三十岁以上者选充：(1) 宗室王公世爵；(2) 满汉世爵；(3) 外藩（蒙、藏、回）王公世爵；(4) 宗室觉罗；(5) 各部院衙门以四品以下七品以上者，但审判官、检察官及巡警官不在其例；[③] (6) 硕学通儒；(7) 纳税多额者；(8) 各省咨议局议员。

其中，前七项被称为“钦选议员”，第八项被称为“民选议员”。虽然资政院并未采取两院制，但这种钦选议员与民选议员之分具有了两院制的雏形，钦选议员体现了贵族院的倾向，而民选议员体现了平

① 张玉法：《民国初年的国会》，近代史研究所集刊（台湾），1984 年。

② 《大清法规大全 · 宪政部》。

③ 《大清法规大全 · 宪政部》。

民院的倾向。根据宣统元年九月十三日（1909 年 10 月 26 日）《资政院议员选举章程》[①] 的规定，各省代表是根据各省咨议局的定额来按比例分配的，这与众议院民选的规则具有相通之处，不是体现地方利益，各省均分名额，而是体现全体选民权利的均等，按照选民比例来分配名额。因而，可以说，从形式上来看，清末的资政院是一个上议院与下议院的混合体。

资政院议员还试图包含具有一定经济实力的人，即“纳税多额者”。中国自古有抑商的传统，并没有形成西方意义上的资产阶级，在资政院议员中能够把经济实力作为单独的一项列入，一定程度上表明了时代的发展和进步。但是在 200 人的资政院议员定额中，此一类仅占 10 人，而这一类人具体的身份如何，还需要进一步分析。

实际上，在中国传统的意识形态下，还有一个最重要的身份，那便是“士”。“士”的地位是通过取得功名、学品、学衔和官职而获得的。如果把“士”看作一个统一的整体，那么观察资政院议员成分可以发现，前四类大体属于贵族一类，而后四类议员的实际身份基本上属于“士”的范畴。贵族与士在这里主要的区别是，贵族主要基于血统，士主要基于功名。关于具体的构成情况，详见表 1。

张仲礼认为，整个绅士阶层可以分为上层和下层两个集团。许多通过初级考试的生员、捐监生以及其他一些有较低功名的人都属于下层集团。上层集团则由学衔较高的以及拥有官职的绅士组成。[②]上层绅

① 《大清法规大全 · 宪政部》。

② 参见张仲礼 :《中国绅士 :关于其在 19 世纪中国社会中作用的研究》，上海社会科学院出版社，1991 年。

士与下层绅士在特权享有、社会地位以及政治诉求上有一定的区别。

下面笔者将从中国传统“士”的概念出发，来对资政院议员构成情况作一分析，大体上分为三类：贵族、上层绅士和下层绅士。“贵族”指《资政院院章》中规定的议员的前四类，如果其中有人有功名，不重复记入上层绅士之中。“官吏”一类是指未通过正常的科举途径而为官的，包括接受新式教育者。根据院章规定，钦选、民选议员各 100 人，但新疆 2 人未选，钦选议员也缓派 2 人，实际上钦选和民选议员各有 98 人，具体情况如下：

表 1　资政院议员结构[①]

议员来源 / 身份		钦选		民选		总计	
		人数	百分比	人数	百分比	人数	百分比
贵族		46	46.9	0	0	46	23.2
上层绅士	官吏	13	13.2	5	5.1	127	64.8
	进士	18	18.4	23	23.5		
	举人	4	4.1	37	37.8		
	贡生	7	7.1	20	20.4		
下层绅士	生员	3	3.1	10	10.2	13	6.6
其他		4	4.1	2	2	6	3.1
不详		3	3.1	1	1	4	2
总计		98	100	98	100	196	100

① 本表的制作统计参考了李启成：“资政院第一次常年会议员小传”,《资政院议场会议速记录——晚清预备国会论辩实录》，李启成点校，上海三联书店，2011 年；张朋园：“资政院议员名录”，载《立宪派与辛亥革命》，吉林出版集团有限责任公司，2007 年。同时，笔者利用互联网，对每名议员的身份进行了搜索、核对。

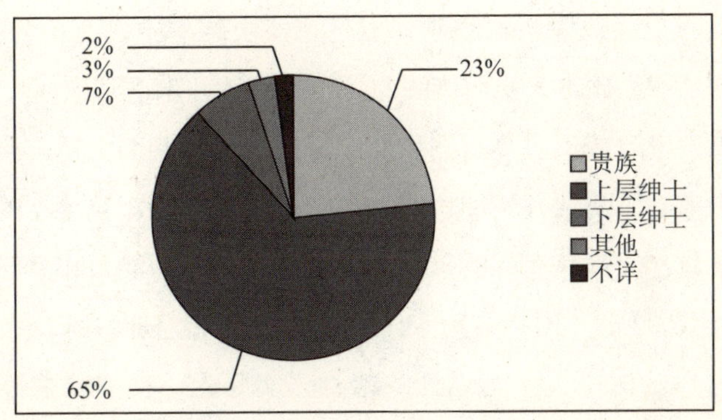

钦选议员的“其他”一类主要为纳税多额者。“纳税多额者”除捐官者3人可纳入“官吏”一类外，其余4人为官办企业负责人1人，商人2人，同盟会成员1人，另外3人不详。可见纯粹的商人并未在其中占有太多份量。

民选议员的“其他”一类有2人，其中接受新式教育、后又从事教育公共事业者1人，商人1人。山西议员渠本翘因病辞职，由刘懋赏顶替，刘懋赏为商人身份。同样，在民选议员中，商人的比例极低。

通过上表，可以看出，虽然资政院区分了钦选议员和民选议员，具有了一定的“身份代表制”①的特征，但除了贵族一类外，其他各类议员的构成大体相当，都属于中国传统“士”的范畴，其中上层绅士的比重远远大于下层绅士，细微的差别在于，钦选议员中，进士的比重比较大，而民选议员中，举人、贡生和下层绅士的比重比较大，但进士的人数也

① 一般而言，议员的来源有两种，一为身份代表制，一为地域代表制。身份代表制即划分不同的身份群体，来选举代表。

不少。当时已经废除了科举制，但是在议员结构中，有功名的“士”依旧占据了较大比重，说明传统的阶层结构还并未遭到破坏。

可见，资政院议员具有同质性，缺乏多元的制衡力量。当然，光凭议员构成的同质性并不能说明清政府搞不成宪制。在今天的代议制政府，议员一般都是专职的，他们具有参政议政的能力和意愿。在中国传统社会，“士”同样具有参政议政的能力和意愿，并且中国传统士大夫有以治国平天下为己任的精神，实际上，在资政院开会讨论中，许多议员也体现出了这种精神。但还是要回到当时的背景下，中国当时正处于近代转型时期，由一个君主专制国家转向现代国家，如果缺乏多元的制约力量和利益集团，一种正常政治下的议政模式并不一定能够促成这种转型。

资政院的议员中除了满清贵族之外，大部分人都可归为中国传统的士大夫范畴。他们有益于公益的一些主张更像是传统士大夫精神的体现。因为他们并不是一个独立的经济阶层，[①]他们的诉求除了个人利益和道义之外，不具有经济基础，他们的功名和前途还要依赖于君主。因而，无论是上层绅士还是下层绅士，钦选议员还是民选议员，

① 士阶层的流动性也可以说明这一点："在明代，47.5% 的进士来自于祖上三代没有出过任何有科举功名的家庭，而有 2.5% 的进士来自于祖上三代没有出过一个生以上中考者的家庭；约 50% 的进士来自于祖上三代出过高级别功名头衔的门第。在清代，19% 的进士来自于祖上三代以内出过有功名者的家庭；18.1% 来自于出过一个或多个生员但无更高级别功名的家庭。这些资料表明，总共有 37.2% 的进士来自于其祖上三代的教育背景很低或完全是白丁的家庭，而 62.8% 的进士则来自于三代以内有科举功名的书香门第或官宦之家。"徐中约：《中国近代史：1600-2000，中国的奋斗》，世界图书出版公司北京公司，2008 年。

他们对于君主权力的限制都是有限的。更何况有些人参加资政院不过是为了升官捞取一定的政治资本，或者把资政院议员本身就视作了一种官职。在这种情况下，一旦君主不愿意实行立宪，那么他们的立宪努力也就失败了。

然而，这里还有另一派制约力量，那便是贵族。余英时把清朝的统治特点归纳为“族天下”，[①] 这是因为在满清入关之前，便定下了八旗主共议国政的制度。然而，到了清太宗之时，就已改为了君主独大的制度，朝仪不得平列，直到雍正时期，君权进一步集中。[②] 当然，在君主制之下，权力集中有权力集中的好处，但是这样一来，导致了贵族阶层的虚置，使之无法成为代议政治中有力的一支力量。

2. 作为议员的“士”与“君在议会”

以“士”为主体的资政院议员，体现出了符合时代发展的公共精神。[③] 在关于一些宪制的普遍价值问题上，议员们达成了充分的一致。在谈论《报律》时，大多数议员都支持言论自由，减少对报刊的限制。[④] 在关于速开国会的问题上，全体议员应声矗立，鼓掌如雷，

---

① 参见余英时：《戊戌政变今读》，二十一世纪（香港），1998 年第 2 期，4-14 页。

② 萧一山：《清史大纲》，上海古籍出版社，2005 年，72-73 页。

③ 陈来认为，中国的士从其出现开始直到中华帝国晚期，一直保有着类似所谓公共知识分子的品格。其具有两个特点，一是“以道自任”，二是“以天下自任”。参见陈来：“儒家思想传统与公共知识分子——兼论现代中国知识分子的公共性与专业性”，载许纪霖、刘擎编：《丽娃河畔论思想——华东师范大学思与文讲座演讲集》，华东师大出版社，2004 年。

④ 《资政院议场会议速记录——晚清预备国会论辩实录》，李启成点校，上海三联书店，2011 年，32-34 页。

并齐呼“大清帝国万岁！大清帝国皇帝陛下万岁！大清帝国立宪政体万岁！”全场震动，足见人心所向。①

根据《资政院议场会议速记录》记载，即使是一些钦选议员也支持立宪和符合社会进步的议案。“钦选议员中虽不乏干才与善辩之士，但他们洞悉清廷积弱不振的种种弊病，难以启齿为之辩护。”②比如剪发易服议案的通过，赞成者中不乏钦选议员，甚至其中许多贵族议员也表示赞成。具体情况如下表 2。

表 2　剪发易服案表决结果的议员身份情况③

	钦选议员（其中贵族议员）	民选议员
赞成	31（9）	71
反对	16（10）	11

在资政院中，除了上面所谈到的贵族、上层绅士和下层绅士以及其他人士之外，还有更为重要的一支，可以称为“君在议会”。皇帝虽然没有直接参加资政院，但是资政院开会前经常会宣读谕旨，等于为会议定调，资政院的决议也须最终请旨定夺。这相比于英国的“君在议会”，实际的影响和权力大得多。资政院与皇帝的基本关系是，资政院上奏折，皇帝发上谕做出批示。可见，创制权操诸在君主

① 《资政院议场会议速记录——晚清预备国会论辩实录》，李启成点校，上海三联书店，2011 年，71 页。

② 张朋园：《立宪派与辛亥革命》，吉林出版集团有限责任公司，2007 年，69 页。

③ 《资政院议场会议速记录——晚清预备国会论辩实录》，李启成点校，上海三联书店，2011 年，378-379 页。

手中，[1]并无实质意义上的分权。而在英国，“君在议会”的意义在于“君在法下”。

上文谈到，资政院的议员大多可归入“士”，资政院的冲突主要围绕着士所代表的绅权与君权的冲突展开，这一方面是中国传统绅权与君权矛盾的延伸，另一方面通过资政院这个准国会性质的现代事物体现出来。

实际上，资政院未能达成协商、争执激烈的事件主要不是资政院议员内部的分歧，而是代表绅权的议员与君权政治的冲突，体现在速开国会问题和弹劾军机案上，这两个问题均涉及权力结构的重新分配。

在弹劾军机案之前，资政院与军机大臣的冲突就有所体现。在资政院第一次常年会第12次会议上，军机大臣到会演说，各议员纷纷陈述需速开国会之理由，更有议员要求军机大臣对此问题明确表态，还有议员提到如果是迟开国会的上谕，军机大臣应承担副署的责任，结果军机大臣与议员们不欢而散。[2]这也为后来的冲突和矛盾埋下了伏笔。

最直接的导火索则是“湘抚侵权违法案”。按资政院院章规定，资政院与各省咨议局有“母子”议会的关系。“各省咨议局与督抚异议事件，或此省与彼省之咨议局互相争议事件，均由资政院核议。议决后由总裁、副总裁具奏，请旨裁夺。”（第二十三条）“各省咨议局如因本省督抚有侵夺权限或违背法律等事，得呈由资政院核办。”（第

① 君主是拥有君权的一个职位，而不是具体的个人。因而，虽然当时溥仪年幼，并不代表君权幼弱。

② 《资政院议场会议速记录——晚清预备国会论辩实录》，李启成点校，上海三联书店，2011年，106页。

二十四条）宣统二年，湖南举办地方公债，巡抚杨文鼎未经交局议决，即命开始发行。议长谭延闿愤其漠视咨议局权限，将该案提请资政院核议。资政院以杨抚不法，据实奏上。当日军机大臣副署的谕旨说：杨文鼎未交局议，系属疏漏；既经度支部议定，奉旨允准，着仍遵前旨办理。谕旨在资政院会上宣布以后，民选议员指出：咨议局章程属于国家法律，军机大臣这样副署谕旨，就是“以命令变更法律”。“立宪国精神全在法律，督抚违背法律而不予处分，则资政院可以不必设，咨议局亦可以不必办，宪亦可以不立！”“似此无法律可守，不如就请皇上解散资政院！”① 大家一致要求暂时停议，请军机大臣特别是首席军机大臣奕劻到院答辩。掌握实权的军机大臣当然对此置之不理，议员吵嚷不休，整个下午会场都处在紧张气氛之中。

湖南公债案尚未得到合理解决，接着又有两宗咨议局与督抚异议的案件报到资政院：一为广西高等警察学堂限制外籍学生案；二为云南盐斤加价案。当日奉旨，前者交民政部察核具奏，后者交盐政大臣察核具奏。资政院上奏的是请旨裁夺事件，准与不准应当由皇帝直接裁决，而上谕竟委诸行政衙门察核，可见对资政院的轻蔑。资政院与君主根本不是一个层次上的事物，只被君主视作与行政衙门相当的一个机构。

1910 年 11 月 22 日会议开始，议员们就撇开议事日程表，纷纷发言，交相指斥军机大臣，一定要弹劾军机大臣。25 日，朝廷颁下一道谕旨，广西、云南两事均依院议，以显示前两道谕旨并非有意蹂躏资

---

① 《资政院议场会议速记录——晚清预备国会论辩实录》，李启成点校，上海三联书店，2011 年，141-143 页。

政院章程，希图资政院取消弹劾。这道上谕在资政院会上宣读之后，议员的意见发生分歧。有的认为既已奉旨依议，弹劾奏稿应该取消。有的认为近年内政外交弄得这样坏，都是由于军机大臣不得其人；现在军机大臣既然不负责任，就不应当用他们主持国事，仍需弹劾。后来虽然改为恳请“明定枢臣责任并速设责任内阁”具奏案上奏，但仍尖锐地指出：军机大臣不负责任，受禄惟恐其后，受责惟恐其先，徒有参预国务之名，毫无辅弼行政之实。请迅即组织内阁，并于内阁成立之前明降谕旨，将军机大臣担负的责任宣示天下，使其无所诿卸。

同一天，军机大臣联袂奏请辞职。摄政王载沣颁发两道硃谕（军机大臣回避，未副署），一是慰留军机大臣，二是不让资政院过问。后者写道：“设官制禄及黜陟百司之权，为朝廷大权。……军机大臣负责任与不负责任暨设立内阁事宜，朝廷自有权衡，非该院总裁等所得擅预，所请著毋庸议。”[①] 这个朱批在实质上驳斥了资政院的弹劾权限，资政院并非一个独立的立法权分支。但显然议员们却在按照现代代议机构的逻辑行使权力。当日，民选议员再度猛烈攻击政府。综合各议员的演说，有主张即辞职解散者，有主张再度弹劾者。经表决，102 人赞成继续弹劾。第二次弹劾折呈进，留中不发。此事终不了了之，自此之后，议场转趋平静。

表面看弹劾军机案类似于行政机关与立法机关的冲突，但在当时中国的语境下，实质上是代表绅权的资政院议员与代表君权的军机处之间的冲突。当时的资政院还不是真正的立法机关，立法权主要还是

---

① “中国大事记”，《东方杂志》，1910 年第 12 期，175 页。

在君主手中，[①] 皇帝也还不是“虚君”，用现代词语形容，仍是国家元首和最高行政长官。总体而言，绅权是从属于君权的，这种冲突在当时的制度框架下是不可能通过资政院协商得以解决的，而这种冲突能否解决恰是当时实现交叉认同、确立代议政治的关键。弹劾军机案的不了了之看似缓解了清政府的政制危机，但实际上标志着清末资政院试行代议政治的实质性失败。随着以地方绅士为主体的地方咨议局力量的增长，清政府的统治更加岌岌可危，在地方绅士的主导下，清政府解体了，中国进入了民国。[②] 然而以绅士为主体的民国国会也未能成功实现代议政治。

二、民国首届国会：派系利益的极化

民国首届国会是中国历史上第一个真正的国会，其重要意义自不待说。正式国会开幕于 1913 年（民国二年）4 月 8 日，因而也被称为“民二国会”，后被袁世凯解散，民国五年重又召开。本书主要关注的是“民二国会”。

1. 议员结构

根据民国元年（1912）八月十日公布的《中华民国国会组织法》，民国议会由参议院和众议院构成。根据规定，参议院议员有定

① 资政院与宪政编查馆权限划分的议案便反映了这个问题。宪政编查馆依然属于君权或行政分支。参见《资政院议场会议速记录——晚清预备国会论辩实录》，李启成点校，上海三联书店，2011 年，136-138 页。

② 有学者认为辛亥革命实际上是一场绅士主导的革命，参见沟口雄三：“辛亥革命新论”，《开放时代》，2008 年，第 4 期。

额，而众议院则以地方人民选举之议员组织之，议员名额依人口之多寡定之。与清末对资政院议员有较为详细的身份规定不同，民国国会对于议员除了基本的资格规定外没有身份规定。这应该说是在由主权在君向主权在民转变之后的一大进步。同日公布的《众议院议员选举法》还规定了“停止选举权和被选举权”的条款，具体包括：现役海、陆军人及在征调期间之续备军人；现任行政、司法官吏及巡警；僧道及其他宗教师。这体现了军政分离，行政、司法与立法分离，警察权与立法权分离，政教分离的精神。①但是考虑到少数民族地区的宗教、社会状况，同时还规定第二、三种情况不适用于蒙、藏、青海。

在民国首届国会选举之时，已经出现了政党，并在选举中发挥了作用。对于议员身份的分析，本部分将加入政党的要素，同时也可观察当时的政党与代议政治的关系，实际上，当时政党的问题也体现在了代议政治中。在众议院的596个议席中，国民党获得269个，占45.1%；共和、统一、民主三党为154个，占25.7%。在参议院的274个议席中，国民党获得123个，占44.9%；共和、统一、民主三党为69个，占25.2%。国民党在国会参、众两院共获392个席位，共和党、民主党、统一党三党共计不过223席，此三党为竞争国会第一大党合并为进步党。本书在统计议员结构时，为方便起见主要分“国民党”与“进步党”两类进行统计。

---

① 实际上，当时虽然没有明确规定议员应为专职，但是由于交通不便，往返周期加上会期一般占去了大部分时间，议员无暇他顾，各地议员一旦来京参加国会，往往会辞去原职务。

本书把民国议员的身份主要分成以下几类：官吏，指民国政府的官吏；旧式上层绅士；乡绅，包括下层绅士和未取得功名的地方名流；职业政治家；工商界人士；教育界人士；社会人士；军人。[①]当时属于社会转型时期，人的身份也在不断转变之中，许多传统绅士转变为现代意义上的公共知识分子，从事教育等社会事业，因而所有身份以议员当选时的主要身份为准。

在张朋园和张玉法的统计中，都把“议员”作为一项重要的身份，指原资政院和咨议局的议员。笔者以为，议员不是一个独立的社会阶层，应根据其具体的社会身份来进行界定。[②]在民国成立后，许多原清朝官员依旧留任，如果该官员并没有自觉支持辛亥革命或立宪，而是作为政治妥协而留任者，归入“旧式上层绅士”一类；有传统功名，并未直接参与民国政府，也不属于其他政治团体、社会团体者，亦归入此类；如果原为清朝官员，但是后来走上反清道路，支持政治革命，从事

---

① 张朋园的研究，在两院 496 人中，官僚 150 人，议员 170 人，教育 106 人，自由职业（新闻、律师）11 人，工商 3 人，革命党人 56 人。参见张朋园：《中国民主政治的困境，1909-1949》，吉林出版集团有限责任公司，2008 年 104 页；张玉法的研究，参议院 266 人，有经历可查者 145 人，统计中的经历 226 种，每人一至数种，重复计算，其中官僚 90 种，议员 73 种，教育 35 种，自由职业 11 种，社会团体职员（教育会、商会、自治会、团练会）6 种，其他 8 种；众议院有经历可查者 358 人，共 572 种经历，其中官僚 190 种，议员 218 种，教育 106 种，自由职业 24 种，社会团体职员 17 种，其他 17 种。参见张玉法：“民国初年的国会”，载《近代史研究所集刊（台湾）》，1984 年，117-118 页；本表的统计还参考了徐友春主编：《民国人物大辞典》，河北人民出版社，1991 年；并且参阅了相关的地方志。同时，笔者通过互联网搜索、核对了每名议员的身份。

② 不过大量清末议员成为民国首届议员本身就说明了清政府与民国的延续性和社会结构同构性。

社会运动者，则不归入此类。职业政治家包括专职议员、革命党人，清末民初时出现的各类政治社团的成员，如宪友会、同盟会、自治研究所等，以及地方自治会成员。“同盟会员”一般归入政治团体一类，但是如果本人有其他分类里的具体身份的，则归入其中。本部分的“官吏”指所有在政府系统任职的人，包括事务官、政务官和司法官，因为当时中国尚未有明晰的分权机制，这些人在任职上也多有交叉，身份来源大体相同。来自教育行政机构的归入“官吏”一类。“教育界人士”主要指来自于属于公共领域的现代学校或教育类社团的人，不同于传统塾师，如果是传统的塾师，则列入乡绅一类。没有功名和官职的社会名流归入“乡绅”一类，如果其积极参与具有现代公共职能的社会活动，如办学、办报，则归入“社会人士”一类。社会人士包括来自非政治性的社会团体的成员，以及律师、新闻工作者等。

参议院定额 274 人，缺中央学会 8 人，实额 266 人，背景不详者 62 人，华侨 4 人，贵族 10 人（均为蒙古议员），其余 190 人具体结构如下①：

① 当时还有一类“华侨”议员。《中华民国国会组织法》（民国元年 1912 年 8 月 10 日公布）规定，华侨选举会选出参议员 6 名。在《参议院议员选举法》（民国元年 1912 年 8 月 10 日公布）中，对于华侨议员的要求仅仅是，通晓汉语。这说明，当时现代国籍法和国籍观念尚未形成，我们认可的国民并非根据国籍法，而是根据“血统”和“文化”。当然这种规定也与最初从事革命的一些人本身就是华侨有关，今天还有人在争论孙中山的国籍问题，不过在当时的语境下，孙中山作为中国革命的领袖并不存在血统上的不纯正。由于此类议员和贵族议员的特殊性，对于国会议员社会结构的分析不具有代表性，在统计时，未归入其中。

表 3　民国首届国会参议院议员结构

党籍 / 身份	国民党		进步党		党籍不详者		总计	
	人数	百分比	人数	百分比	人数	百分比	人数	百分比
官吏	36	31	9	42.9	11	20.8	56	29.5
旧式上层绅士	16	13.8	1	4.8	16	30.2	33	17.4
乡绅	4	3.4	1	4.8	5	9.4	10	5.3
职业政治家	25	21.6	3	14.3	10	18.9	38	20
教育	23	19.8	3	14.3	9	17	35	18.4
工商	2	1.7	2	9.5	1	1.9	5	5.6
社会	7	6	2	9.5	0	0	9	4.7
军人	3	2.6	0	0	1	1.9	4	2.1
总计	116	100	21	100	53	100	190	100

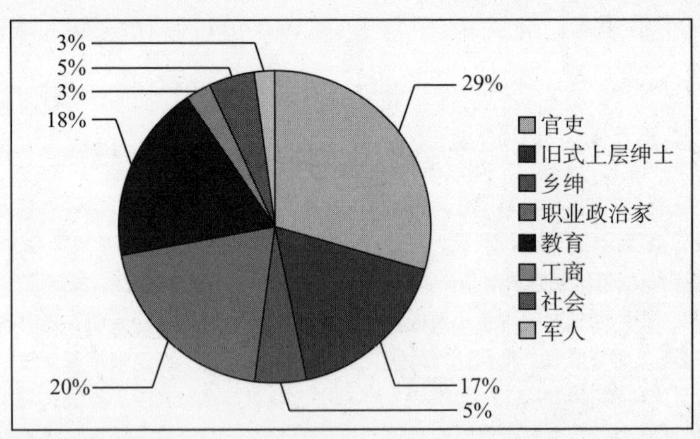

众议院定额 596 人，全部选出，背景不详者 214 人，归侨 1 人，

贵族3人（均为蒙古族议员），其余378人具体结构如下：

表4　民国首届国会众议院议员结构

党籍／身份	国民党		进步党		党籍不详者		总计	
	人数	百分比	人数	百分比	人数	百分比	人数	百分比
官吏	69	28.2	13	14.4	16	37.2	98	25.9
旧式上层绅士	44	18	23	25.6	7	16.3	74	19.6
乡绅	4	1.6	6	6.7	2	4.7	12	3.2
职业政治家	49	20	21	23.3	3	7	73	19.3
教育	47	19.2	14	15.6	9	20.9	70	18.5
工商	7	2.9	4	4.4	0	0	11	2.9
社会	15	6.1	9	10	4	9.3	28	7.4
军人	10	4.1	0	0	2	4.7	12	3.2
总计	245	100	90	100	43	100	378	100

附注1：其中党籍不详者中，有二人为跨党。

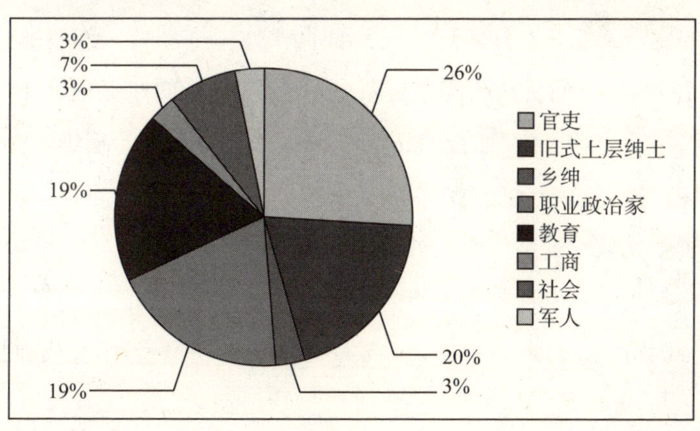

通过观察表3、表4，可以看出：

第一，两院议员以政治精英为主，政治精英包括官吏、旧式上层绅士和职业政治家。

第二，参众两院的议员结构基本相同，两院的区分并没有体现等级会议的特征。在众议院中，下层绅士的比重甚至有所下降。在参议院中，乡绅占 5.3%，而在众议院中，乡绅仅占 3.2%。

第三，国民党与进步党的议员结构也基本相同，均是以政治精英为主，但在三类政治精英的具体比例上略有区别。综合参议院和众议院的情况，国民党这三类人占国民党议员总数的 66.2%，其中官吏占国民党议员总数的 29.1%，旧式上层绅士占国民党议员总数的 16.6%，职业政治家占国民党议员总数的 20.5%；进步党这三类人占进步党议员总数的 63.1%，其中官吏占进步党议员总数的 19.8%，旧式上层绅士占进步党议员总数的 21.6%，职业政治家占进步党议员总数的 21.6%。

第四，在政治精英中，作为一个新兴的阶层，职业政治家占据了很大的比重，综合参众两院情况，职业政治家占上述三类政治精英总数的 29.8%。他们是从政府官吏系统中分离出来的一个阶层，专职从事政治活动。这个阶层的来源比较广泛，有的是旧式上层绅士不满清政府统治投身政治运动的，有的是未能挤入上层绅士的乡绅，有的是接受了新式教育的新型知识分子，还有一些城市平民[①]。这个阶层的出现是与政党政治在中国的萌生相一致的，说明了中国具有了某种现代政治的特征。然而，当这一阶层缺乏实际的利益代言时，他们之间

① 比如在武昌起义中，作为同盟会会员的城市平民便发挥了很重要的作用。此一部分是一种新兴的政治力量，表明了民国政治的城市性。

很容易导向纯粹的权力之争。大多从事政治活动的人都是有着建功立业的想法的，其中虽不乏为公共利益考量者，但是一旦涉及具体利害问题，却难免走向政治投机。

第五，旧式上层绅士在民国议会中占据了很大的比重，说明了民国政府与清政府的某些继承性。辛亥革命主要是一场政治革命，改变了中国的国体，而非一场社会革命，中国的社会结构未有触动，政府保持了稳定性，从这个角度也可以说辛亥革命并非激进的。观察议员经历可以发现，许多议员本身就是清末资政院或地方咨议局的议员。

第六，虽然辛亥革命并未激进地改变中国的社会结构，但是随着君权政治的解体，民间的力量得以自发生长，在民国首届国会的议员中，来自工商、社会领域的人数和议员比例都比清末资政院有所增加。然而这部分人在议员中的比例依然极小，无法成为议会中有效的政治力量。

实际上，民族资产阶级基本上被排除在政治之外。根据1912年公布的《众议院议员选举法》，其中第四条对选民资格做了如下规定：(1) 年纳直接税2元以上者；(2) 有值500元以上不动产者；(3) 有小学以上毕业学历者。“根据这个标准，很多纯粹的商人和新兴资本家是没有选举权的。直接税是指传统的地丁漕粮，厘金不在其列。商人和资本家当然很容易有500元以上的资产，但只有房产还不行，土地等才算不动产。很多资本家用的厂房和土地是租来的，而且他们往往没有学历。根据选举法，一个富有的农民可以有选举权，而很多新实业家却没有资格。”①

第七，一个比较特殊的现象是，来自教育界的人占据了很大的比

① 金观涛，刘青峰：《开放中的变迁》，法律出版社，2011年，163页。

重。教育界也应该属于公共领域，但是这里单列出来表明了中国特色。[①]来自教育界的人有的是有传统功名者，有的是留学归来者，他们能够当选主要由于：在当时文盲占多数的时代，教育界人士相比普通民众更具有参政能力；而从事教育也被认为与公益相关，易于获得人气。教育界人士也可以归入知识精英的范畴，实际上，大部分议员都可以归入知识精英，他们是中国传统士大夫的脱胎换骨。对于知识精英的重视，体现了民国初年的国会对于理性的强调，但是却缺乏意志的代表。前文已经论述了，以士大夫为主体的知识精英很难从根本上制约君主权力。士大夫制约君权的主要武器是一套以礼治为核心的道德意识形态，随着君主的取消，这套道德意识形态的作用也随之消退。因而，在民国之时，在缺乏意志的代表的情况下，这些知识精英同样难以成为制约统治权力的有效力量。

2. 议会辩论中的冲突

由于议会中的多数为国民党，而大总统为袁世凯，分属于不同派系，与晚清资政院不同，实质上的分权已经出现，但是却没有带来宪制安排。在议员结构缺乏等级分层的情况下，议会辩论主要呈现出党派争执的特征，由于党派之间阶层与政见的趋同性，[②]党派之争又主要表现为人事利益之争。当时的人事利益之争主要发生在袁世凯一方

---

① 金观涛、刘青峰把学校称为“有中国特色的某种政治公共领域”。参见金观涛，刘青峰：《观念史研究》，法律出版社，2010 年，81 页。

② 关于民初政党趋同性的论述，参见张玉法：《民国初年的政党》，岳麓书社，2004 年。

与由同盟会改组的国民党之间。

袁世凯作为总统代表行政权，以国民党为多数的国会代表立法权，袁世凯与国民党的冲突集中体现在了国会辩论中。据统计，在众议院重要议决案中，为大总统提出的十个议案中，可决者六项，否决者四项，而本院和参议院提出的议案则全部可决。[①]可见，众议院讨论中的冲突集中于大总统与议会之间。参议院亦然。

监督行政权是国会的一项重要职能，而在民国首届国会，这种立法权与行政权的冲突则体现出独特的人事利益冲突。袁世凯与议会的冲突类似于君权与资政院的冲突，但是虽然袁世凯有皇帝的权力欲，却无皇帝的合法性，因而他并不能命令议会，对议会发上谕，他的意图需要凭借议会中支持他的党派来实现。因此袁世凯着手组织与国民党对抗的大党，进步党应运而生。[②]因而，袁世凯与国民党的冲突在国会辩论中又可具体化为国民党与进步党的冲突。相较于当年军机大臣莅临资政院的高傲态度，行政官员参加民国首届国会答辩时，态度更为谦恭，而议员态度则更为强硬，多次弹劾案都获通过。这也体现了时代的变迁，以及行政权的减弱。

资政院的讨论无法撼动君权，而民国国会的讨论则可能动摇袁世凯的权力。在这种背景下，与资政院中钦选议员尚能保持客观中立，

---

① 数字统计根据张玉法："民国初年的国会"，载《近代史研究所集刊》（台湾），1984年，140页。

② 进步党与国民党的对峙由来已久。进步党的前身是清末立宪时的立宪派所组织的宪友会，而国民党则由清末的革命派演化而来。虽然在这种演化的过程中，人事变动甚巨，有的人今天是保守派，明天是革命派，但是就党派而言，了解这种传承性是有意义的。

民国首届国会中支持袁世凯的进步党与国民党势同水火。袁世凯还通过组织小党派，分散国民党的势力。在无法操纵国会时，袁世凯也不得不搞“阴谋”，收买议员，在无法收买之时，便暴力破坏议会活动。甚至，在国会开会期间，出现了违法逮捕、杀害议员事件。这些行为是对议会政治的巨大戕害，但也侧面反映了行政权威的减弱，没有了正常的“君在议会”体制，只能通过非常方法对国会进行干涉。

国民党与其反对派在政体的看法上大相径庭。国民党主张议会政治，即国家主权由议会行使。进步党则主张，主权在国家，总统代表国家主权，并主张中央集权，扩张元首权力。争论固然与政见有关，但最重要的还是利益因素。国民党认为袁世凯“窃取”了革命果实，因而要限制其权力。而进步党大体是拥护袁世凯的。

冲突在国会正式开议之前即有所体现。在讨论选举参议院议长细则制定问题时，国民党主张于议长选举时用有记名投票，以便监督党员；进步党则欲用无记名，以便收买选票。对选举议长细则的草拟，国民党主张由参议院主席指定起草员，先起草后讨论；进步党主张起草员由各党在议场中的临时书记任之，先讨论后起草。对于选举议长细则的起草，国民党主张两院合起草，进步党主张两院分起草。结果在议长、副议长选举上，参议院费时二周余，众议院费时三周余。①

在参议院议案讨论中，“以大借款案以及与二次革命有关诸案件争执最激烈”。②“众议院除法律案、任命案等之讨论外，争议最为激

① 张玉法：“民国初年的国会”，载《近代史研究所集刊》（台湾），1984年，167页。

② 张玉法：“民国初年的国会”，载《近代史研究所集刊》（台湾），1984年，158页。

烈的为宋教仁被暗杀案、奥国借款案、大借款案、俄蒙协约案、国民党起兵案等。”① 这些议案大多由于涉及党派利益而没能最后达成协商，不了了之。

首先看大借款案。辛亥革命后，北洋政府以办理善后改革为名，向英、法、德、俄、日五国银行团贷借长期巨额借款，款项高达 2500 万镑，年息 5 厘，分 47 年偿清，以解决政府的国库空虚问题。北洋政府同时许诺借款以盐税为担保。进步党拥护袁政府，认为借款已成事实，反对无用，主张监督其用途。而国民党则干脆不承认此违法签约之借款。双方相持不下。

进步党还以退席和不出席会议并通电各省都督干涉国会等非法政争手段相要挟。参院副议长王正廷为了维持议会与进步党的和平共处，建议两党各推二人为代表，协商政府退还咨文的起草问题，并将草案印发各议员讨论。进步党议员，虽曾推出二人代表协商起草，但待下次开会时进步党参议员又在休息室集议，推翻草案，延迟会议，以示维护袁政府违法借款。由于国民党议员占多数，进步党议员姚华、田应璜等实际并非不知议场已足法定人数，而是故意设词，以图推翻参议院表决，取悦于袁世凯。最后此事不了了之。

众议院中，围绕着国民党人发动二次革命，党派对峙激烈。宋教仁案曝光后，国民党人开始策动二次革命。而在此之前，袁世凯即召集国防会议，密议进攻江南。在议会中，进步党议员指责国民党起兵，而国民党议员则质问政府调兵。到了兵戎相见的地步，议会辩论

① 张玉法 :“民国初年的国会”，载《近代史研究所集刊》（台湾），1984 年，140 页。

已经没有意义了。

议会中虽有政府的代言人，但议会毕竟有自身的职能，因而在一些关系议会整体利益的问题上，议员们也大体能达成一致。

比如逮捕谢持案。当辛亥革命时，天津河北元纬路组织秘密革命机关，人称“血光团”，由四川黄复生、赵铁桥负责领导。国会议员谢持与黄、赵有联系，曾给予一些经济援助。有旅居津门的仕宦子弟周予觉及其妹周予敬，参加了该团组织，供出谢持为血光团负责人，但无任何证据。1913 年 5 月 17 日，谢持为军政执法处逮捕。当时国会开会未久，出于维护国会尊严的考虑，各政党都不同意逮捕议员。19 日，参议院开会。王正廷主席呈报政府来函，谢持已经释放，请讨论对付办法。于是，有请咨行政府查办者，有请政府出席质问者。议长付表决，赞成质问者居多数。①

再比如预算案。从议会诞生之日起，财政监督便是其主要职能之一。1913 年 6 月 20 日众议院讨论中央机关上半年度预算案。由代理财政总长梁士诒出席报告预算案。国民党议员王葆真首先提出质问：财政总长应当懂得预算两字作何解释，今日已届六月末旬，钱已花出，才提出上半年的预算案，试问这个预算案还能成为预算案否？国家财政支出，由人民担负，未经国会议决，谁负其责？梁未能答。继而国民党李根源、邱冠棻等皆痛论预算之不正当，不能成为预算案。进步党王敬芳、胡汝霖、刘崇佑亦有质问，问下半年预算案何时提出，问预算案是否可以

① 王葆真：“民国初年国会斗争的回忆”，载《中华文史资料文库》（第一卷），中国文史出版社，1996 年，516 页。

删改，问已用之款何人担责。梁士诒答谓，本席是次长，不能列席国务会议，不能答复，且到部未久，一切多未熟悉。词穷而遁。褚辅成提议，下次开会，须请段总理出席，有三事须口头质问。①

议会的财政监督职能与议会议员的有产者身份有关。然而，正如前文所分析的，议会议员构成中，来自工商实业界者寥寥。民国国会对于预算案的关注一方面是出于法理，另一方面则是由于在当时之中国，财政预算问题是与民族主义直接关联的。国家不独立、战争赔款、国库空虚都是联系在一起的。除上述争议不大的议案外，大体达成一致的重要议案均与民族主义有关。可见民族主义是当时可以识别的重要的“交叉认同”的基础。

一是弹劾刘揆一案。工商总长刘揆一，虽系国民党人，因其违法借得英商款项五百万镑，经过众议院质问，竟谓无按照法律手续的必要，国民党人不能饶恕他。前经国民党议员刘恩格、张嗣良质问后，国民党议员徐傅霖又提出弹劾案云：谨按临时约法十九条第十二项提出弹劾，如得议员四分之三以上之出席，三分之二以上之可决，即咨请大总统先将工商部总长刘揆一免官，以谢国民，等语。未久，袁世凯准他辞去工商部总长职务。②

二是奥国借款案。1913 年 4 月，财政、海军二部经德商瑞记洋行与奥国下奥证券公司分别签订 120 万英镑及 200 万英镑两项合同。此

① 王葆真：“民国初年国会斗争的回忆”，载《中华文史资料文库》（第一卷），中国文史出版社，1996 年，517 页。

② 王葆真：“民国初年国会斗争的回忆”，载《中华文史资料文库》（第一卷），中国文史出版社，1996 年，523 页。

项借款名为订购舰艇，实乃济北京政府穷困之支出。奥国借款因未经国会同意在国会中引起轩然大波。在众议院，由奥国借款案引发了四起弹劾：一为国民党议员张华润等弹劾政府违法案；二为共和党议员何雯等弹劾财政总长周学熙案；三为国民党议员黄懋鑫弹劾国务总理赵秉钧、财政总长周学熙案；四为进步党议员李国珍等弹劾赵秉钧、周学熙案。这四个议案由不同党派提起，但最后均获通过，赵秉钧、周学熙去职。虽然由于利益原因弹劾范围有所区别，但这是议会涉及人事争执时少有的不同党派议员间的一致。说明当时的议会尚存有对法理的维护。

三是俄蒙协约案。1912 年 11 月 3 日，沙俄不顾中国政府不承认外蒙独立的严正声明，强迫外蒙傀儡政府签订《俄蒙协约》，声称"蒙古对中国的过去关系已经终止"，规定俄国政府"扶助蒙古的自治"，在蒙古享有特权。《俄蒙协议》签订的消息一经传出，全国舆论大哗，革命党人一致指责袁世凯北京政府应付无方，坚决主张不予承认。全国各政治团体也都通电痛斥沙俄侵略行径。在众议院，在俄蒙协约案上，起初各政党均支持政府对俄采取强硬态度。

然而民族主义在当时作为交叉认同的基础，并不足以促进政制建构。更何况民族主义依然大不过一些人的私利。1913 年，统一、民主、共和三党在袁世凯政府的资助下，成立进步党，赵秉钧组织的国民党内阁解体，内阁总理由陆军总长段祺瑞兼代。对于俄蒙协约案，进步党采妥协态度。由于国民党未能控制众议院多数，中俄协约在众议院获通过。但在移送参议院后，在国民党议员的压力下，最后议案依然搁置。

清朝末年，虽然由于内忧外患，君主个人的权力逐渐削弱，但是仍能维持形式上的统一。随着清帝逊位，能够维持这种形式上统一的力量不存在了。由于缺少以经济基础为区分的基本阶层关系，党派利益的极化倾向在议会讨论中显现出来，妥协的政策无法达成。面对议会政治无法解决问题，国民党人投入了二次革命，而进步党议员出于作为议员的本能反应，还试图维持议会。1913 年 11 月间，进步党议员丁世峄、黄云鹏等百十人，还在众议院开两次谈话会，向政府提出最后的两次质问书。但议员签名者无几，因恐招忌，有妨求取官职。最后，民国首届国会被解散。

三、民国第二届国会：官吏俱乐部

民国五年袁世凯称帝失败后，被其解散的民国首届国会得以重新召开。但是这个国会又因张勋复辟而再度被解散。段祺瑞、梁启超等人讨平复辟后，决定修改国会组织法，由新法产生新国会。民国第二届国会由此产生。

1. 议员结构

在民国二届国会中，主要包括三个派系。一是安福系。1918 年 3 月，安福俱乐部宣告成立，因其经常在北京安福胡同聚会，因而得名。所谓安福系是为了在国会中占据统治地位而形成的政治性团体。安福系在民国二届国会中占据了绝对多数，因而民国二届国会也被称为“安福国会”。二是交通系。包括以梁士诒为首的 " 旧交通系 " 和以曹汝霖为首的 " 新交通系 "。由于其通过修建交通事业而扩大势力，因而得名。该系既是一个金融财团，又是一个政治派系。三是研究系。研究系是从民国初年的进步党脱胎的一个政治派系，得名于1916年在北京成立的“宪法研究会”，其领袖人物是梁启超、汤化龙。

1918年2月17日，公布了《修正中华民国国会组织法》、《修正参议院议员选举法》、《修正众议院议员选举法》等。各省据以办理选举。当时，广东、广西、云南、贵州、四川五省反对，湖南、湖北、陕西有战事，都未办理选举，蒙古、西藏议员均系指派。8月12日，国会召开。

关于选举资格，第二届国会规定了更高的标准，体现出了明显的精英政治倾向。关于参议员选举权的资格有两方面。第一是一般条件，为：中国国籍的男子，年满三十岁以上。第二是特殊条件：（1）凡参加地方选举会的，须有下列条件之一才能成为初选人：一是曾在高等专门以上学校毕业或有相当资格而任事满三年的，或曾任中等以上学校校长、教员满三年的，或有学术著述及发明经主管部审定过的；二是曾任荐任以上官满三年，或曾任简任以上官满一年，或曾受勋位的；三是年纳直接税百元以上或有不动产值五万元以上的。蒙古、青海的地方选举会由王公世爵、世职组织，西藏地方选举会由驻藏办事长官会同达赖喇嘛、班禅喇嘛组织。(2) 凡参加中央选举会的，分六部组织：第一部包括曾在国内外大学毕业并以其所学任事满三年的，或曾任国立大学校长、教员满三年以上的，或有学术著述及发明经主管部审定过的；第二部包括退职大总统、副总统、国务员及曾任特任官满一年以上或曾受三等以上勋位的；第三部包括年纳直接税一千元以上，或有一百万元以上财产，经营农工商业经主管官厅证明的；第四部包括有一百万元财产的华侨经驻在领事官证明的；第五部包括满洲王公具有政治经验的；第六部包括回部王公具有政治经验的。

参议员被选举权的资格相同，但须年满三十五岁。

众议员选举权的资格是：凡中国国籍的男子，年满二十五岁，编造选举人名册前在选举区内住满两年，并具有下列条件之一：(1) 年纳直接税四元以上；(2) 有一千元以上的不动产，蒙、藏、青海得以动产计算；(3) 小学以上毕业；(4) 有与小学以上毕业的相当资格。

众议员被选举权的资格相同，但须年满三十岁以上。

对于选举权和被选举权资格提出较高的要求主要是为了避免国民党的民间影响，把国民党势力排除出议会。但这同时意味着民国二届国会的代表性大大减弱。

中华民国第一届、第二届国会都采取了两院制的形式。梁启超认为，中国虽无贵族，但可因地方的特殊性或以元老人物或专业人物充当上议院议员。[①]而关于如何选举参议院议员，安福系与研究系发生了分歧。研究系主张参议员应照旧法由省议会间接选举产生，而安福系则主张应由地方团体选举产生。这是因为，研究系来源于晚清的立宪派，而省议会的前身是晚清咨议局，正是立宪派的大本营，如果由省议会选举参议员，则对研究系有利，且议会与其他团体不同，不易为政府所操纵。最终，安福系依靠强力通过了新的选举办法，把坚决

① 参见吴松等点校：《饮冰室文集点校》（第二集），云南教育出版社，2001 年。

持反对态度的研究系成员列入了不许选为议员的“黑名单”。[①]

无论如何，民国二届国会由于在选举设计上排除了更广大的民众，结果是所选出的议员其社会代表性更弱。而在排除了省议会的影响的同时，地方绅士在国会中的作用更弱了，“士”的精神较资政院和民国首届国会都大大削弱。梁启超本人的派系研究系坚持士的传统，就其本意而言想搞精英政治，但缺乏群众基础和社会力量的支持，最终民国二届国会在排斥了国民党的同时，研究系也遭到排斥，在民国二届国会的选举中，研究系所占名额比重（4.4%）[②]大大不及进步党在民国首届国会中所占比重（25.6%），政党竞争已经失去意义，国会几乎变成了官吏俱乐部。

在议员身份上，随着民国社会的发展出现了些许变化。在下表中，笔者列出了“名流”一项。这一项大体可以对应于民国首届国会中的“乡绅”和“职业政治家”。随着社会变迁，传统绅士大量成为城市绅士，城乡划分就绅士阶层而言意义不大。在民国首届国会中，职业政治家大多为早期从事党派运动的革命家和社会名流，而此时辛亥革命的潮流已经过去，大部分绅士主要从事一些公共事业和政治活动。因此，这里的“名流”便指当时未担任官职的从事政治活动或公共事业的人，包括担任专职议员者。这里还出现了一个“官二代”的

① 参见刘以芬：《民国政史拾遗》，上海书店出版社，1998 年。对于此种安排，张朋园认为，民初的省议会多半由革命党改组而来的国民党所控制，段祺瑞、梁启超为避免国民党得势，才有了此种设计。似与史实有出入。参见张朋园：《中国民主政治的困境，1909-1949》，吉林出版集团有限责任公司，2008 年，112 页。

② 参见张朋园：《中国民主政治的困境，1909-1949》，吉林出版集团有限责任公司，2008 年，146 页。

身份，主要是北洋政府时期重要政治人物的直系亲属，他们一般没有其他正式职业或身份。这一类群体进入议会也说明随着民国的发展，一些身份开始具有了家族传承性。此外，在民国首届国会中，“旧式绅士”作为一项以表明民国与晚清的社会政治连续性，在民国七年时，单列此项已经意义不大。

在下面的统计中，依然根据议员当选时的主要身份进行分类。参议院可考的117位议员情况如下表[①]：

表5 民国二届国会参议院议员结构

党籍 身份	安福系		交通系		研究系		其他或党派不详者		总计	
	人数	百分比	人数	百分比	人数	百分比	人数	百分比	人数	百分比
官吏	49	60.5	4	100	0	0	22	71	75	64.1
工商	5	6.2	0	0	0	0	0	0	5	4.3
教育	4	4.9	0	0	0	0	2	6.5	6	5.1
名流	10	12.3	0	0	1	100	4	12.9	15	12.8
军人	1	1.2	0	0	0	0	0	0	1	0.9
贵族	8	9.9	0	0	0	0	1	3.2	9	7.7
官二代	4	4.9	0	0	0	0	2	6.5	6	5.1
总计	81	100	4	100	1	100	31	100	117	100

① 笔者通过互联网搜索、核对了每名议员的身份。

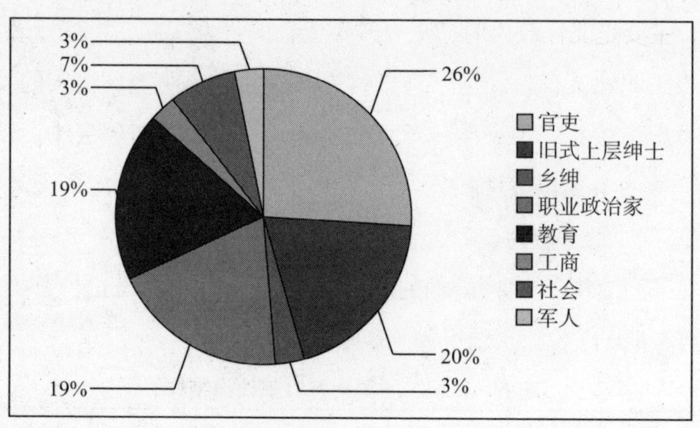

众议院可考的155位议员情况如下表：

表6 民国二届国会众议院议员结构

党籍 / 身份	安福系		交通系		研究系		其他或党派不详者		总计	
	人数	百分比	人数	百分比	人数	百分比	人数	百分比	人数	百分比
官吏	52	48.1	0	0	6	50	12	35.3	70	45.2
工商	7	6.5	1	100	1	8.3	8	23.5	17	11
教育	12	11.1	0	0	1	8.3	2	5.9	15	9.7
名流	33	30.6	0	0	3	25	10	29.4	46	29.7
军人	2	1.9	0	0	1	8.3	1	2.9	4	2.6
贵族	1	0.9	0	0	0	0	0	0	1	0.6
官二代	1	0.9	0	0	0	0	1	2.9	2	1.3
总计	108	100	1	100	12	100	34	100	155	100

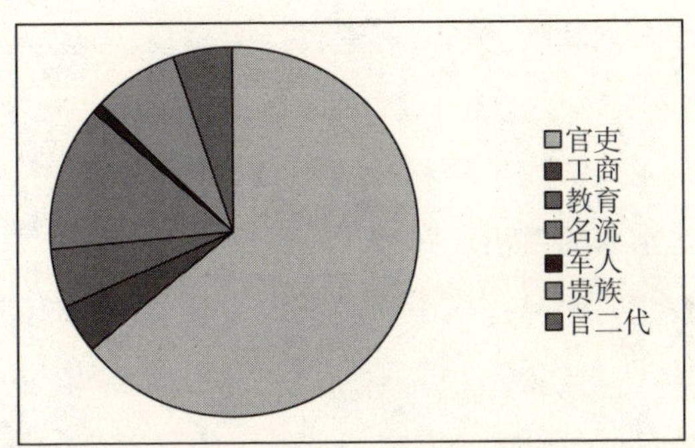

通过表 5、表 6 可以看到：

第一，官吏占到了绝对多数。综合参众两院情况，官吏占到了 53.3%。但参议院与众议院略有不同，在参议院中，在任官吏、贵族、官二代的比例更高，这说明随着民国的逐步确立，一些利益集团逐渐形成和固化。而在众议院中，工商、教育、社会名流的比例更大一些，这说明随着封建帝国的解体，社会领域有一定程度的发展。

第二，工商界人士依然偏少。即使是以现代工业发家的交通系，其议员中工商界的人士也很少，说明交通系主要是依靠国家权力而从事经济活动的官僚资本家。

第三，教育界人士的比例大大少于民国首届国会，说明“士”传统的衰落。“士”某种程度上代表着中国本土的公共精神，与无精神支撑、只关注政治利益的政客和军人不同。关于“士”之转型对于民国政治的影响，本书还将在第三章进行分析。

第四，军人所占比例很小。虽然当时是军阀政治，但军人直接参加议会的很少。这一方面说明议会传统的延续，依然以“文士”

为主；另一方面也反映出军人对于议会的轻视，他们更愿意掌握行政大权。

第五，安福系的成员结构较为复杂，还包括了许多满藏贵族，成员之间缺乏基本的政治认同和统一政见。实际上，安福系不能算上一个现代政党，而只是一个为了获取议会席位、巩固政治地位的派系联合。

第六，然而，即使在以官吏为核心的安福系中，社会名流依然占据了很大的比重，议会的舞台给了绅士群体更大的参政机会。即使是安福系的在任官吏，经历过正规教育、为官口碑好者也很多，其中也不乏与强权斗争的人，他们后来为了保持气节而弃官不做，回乡支持当地公益事业，这说明“士”的传统依然得到了很大程度的延续。

第七，平均年龄偏大，名流偏多。民国首届国会（民二国会）可考的 859 位议员的平均年龄为 36.4 岁，而民国二届国会（民七国会）可考的 473 位议员的平均年龄为 42 岁。[①] 在民国首届国会中，许多议员是辛亥革命的参与者，年龄结构偏轻，充满热情。但民国首届国会出现了党派利益的极化，最后发展为战争，吸取其教训，当时的政治精英更加求稳，希望国会中更少冲突，因而民国二届国会中成熟稳重、具有一定社会名望者占了较大的比例。但结果是，一个老态龙钟的议会也不可能结束军阀纷争。同时由于年纪较轻的

① 对议员年龄的统计参考了张朋园：《中国民主政治的困境，1909-1949》，吉林出版集团有限责任公司，2008 年。

政治精英被排除出议会，不能在正式的国家政治运作中展示自己，那便会投身革命，寻求更为激进的途径。

2. 议会中的讨论

在民国二届国会中，政党的作用已经不明显，也没有发生实质性的政党冲突。民国二届国会可以说相当和谐，议员们缺乏应有的政治立场，而是一味地权衡交易。选举总统是其重要议题之一。在这个问题上，段祺瑞系分为两派，一派主张举段。另一派主张推举徐世昌，因为当时北洋军阀已经分为直、皖两系，而直系首领冯国璋以副总统代理大总统职务，假如举段而不举冯，势必导致直皖两系关系恶化。最后，徐世昌顺利当选。在现代议会选举中，本党派一般推举本系人物，像这种两派互斗而最终推举大家都能接受的第三方的情况，真可说是一种现代政治的特例，传统政治依然在余音绕梁。被推举出的人不具有代表性，也就谈不上对谁负责的问题，主要是搞权力平衡，责任政府无从形成。“徐的做法是，对段系不即不离，对直系则暗示亲近，对关外的张作霖，也极尽拉拢之能事，他以为自己既无实力，就需要使直皖两系互相对峙，各不相下，才能巧取渔人之利。”①

这个国会还轻易地便如段祺瑞所欲，于1918年8月14日通过对德宣战的决议，这使段能以支持中国战争实力为由，签订了总值达1.45亿日元的所谓“西原借款”。

然而，议会的本质不是为了求取表面上的和气，议会的魅力体现

---

① 《中华文史资料文库》（第一卷），中国文史出版社，1996年，711页。

在彼此的争吵从而最终达成妥协之上。许多情况下，议会中表面上的和气恰恰反映的是议会不重要，因而也没必要争吵。

四、试行代议政治的正面与负面

通过清末民初代议政治的实践可以看出，就参政主体而言，主要是绅士群体，其他群体还缺乏广泛的政治参与机会；就议政而言，社会力量对于政治力量的影响有限。梁启超在论述议会之于立宪政体的作用时，曾论述道："民间有疾苦之事，皆得提诉于议院，更张而利便之，而岂有民之怨其上者乎？故立宪政体者，永绝乱萌之政体也。"[①]也就是说议会可使国家免于动乱。但是清末民初的三个全国性代议机构都最终不了了之，也并未终止战乱，反而受到战乱的冲击，此后代议政治也中止了，直至1948年重又举行国民大会选举。中国未能建立起现代的代议政治。但这并不是说，这三个全国性代议机构毫无价值。它们毕竟是中国最早对于代议政治的尝试，其积极意义和消极意义都值得思考。相比而言，资政院和民国首届国会的积极意义更多，而民国二届国会需要反思的地方更多。

三个全国性代议机构的积极方面与中国社会的自发发展密不可分。在资政院和民国首届国会中，都展开了激烈的辩论，这本身就是对专制的一种反对。对于一些公认的价值，比如言论自由、重视教育等，大部分议员都表示赞同，一定程度上体现了议员们的公共精神，

① 梁启超："立宪法议"，载《饮冰室文集点校》，云南教育出版社，2001年，920页。

也与议员们的知识分子身份有关。

在资政院中，议员大部分为传统绅士，他们构成了社会上的一个独立阶层，一定程度上起到了社会自治的作用。在中国传统社会，绅士的地位是通过取得功名、学品、学衔和官职而获得的。他们是地方官员与百姓之间的中介人。州县长官必须借助地方绅士对当地事务的信息和建议，而绅士反过来又增进当地的福利。由于中国古代社会的地方官任期较短，对管辖地方事务多无兴趣，也不愿发起长期的建设规划，这类规划便落到了士绅的头上。"士绅筹款修造桥梁和渡口等公共设施，集资疏浚河道、修建沟渠和堤坝、改良灌溉系统，也捐款修缮当地庙宇、神殿和古迹。此外，士绅还经常介入当地的慈善赈济事业……士绅在当地社会中的一个主要作用，是在公堂外透过劝解仲裁，弥息个人与邻里之间的民事纠纷。"①

金观涛、刘青峰把黄宗羲《明夷待访录》想象中的以家族为本位、以绅士为代表制的公共空间称为绅士公共空间，"它是儒学式公共空间在中国的表现形态"。② 资政院可谓对黄宗羲所想象的绅士公共空间的实践。在资政院中，有些人的行为已经超越了传统"士"的范畴，体现了某种独立的社会力量。比如在资政院中发言积极、被誉为"资政院三杰"的雷奋、易宗夔、罗杰，他们均为民选议员，颇有点民意代表的味道。再比如以咨议局议员为主发起的国会请愿运动，要求速开国会，他们的诉求已经超越了中国传统君权政治的

---

① 徐中约：《中国近代史：1600-2000，中国的奋斗》，世界图书出版公司北京公司，2008 年。

② 金观涛，刘青峰：《观念史研究》，法律出版社，2010 年，81 页。

范畴。

清末民初之际，许多传统士大夫开始向现代公共知识分子转变，也可以说是中国最早意义上的具有公共精神的公民。很多议员在接受传统教育之后，或公费或自费出国学习，回国后投身于公共事业。当时，还出现了职业政治家，从事公共教育、律师、新闻等行业的人。在民国首届国会中，教育界议员占据很大比重，一方面说明当时中国社会与传统的延续性；另一方面，当时的教育正在从传统教育转向现代教育，获得传统功名的人具备了进入权力体系的资格，而接受新式教育的人却并不一定当官，因而教育界议员已经与传统知识分子不完全相同了，代表了现代公共领域的力量。由于辛亥革命并非一场激进的社会革命，所以中国的社会领域得以延续和发展，资政院和民国首届国会议员身份和结构上的延续性说明了这一点。

代议政治的挫折与转型期三个全国性代议机构的设计脱不了关系。

首先，国会在政体中的位置并未确立。

光绪三十三年八月十三日（1907年9月20日）公布的《设资政院谕》[①]中称，设资政院是为了“取决公论”，“以立议院基础”。这种意旨也体现在了后来的《资政院院章》中。由此可以看出，清廷主要把资政院定位为一种听取公论的机构，也就是一个咨询机构，而非立法机构。主权在君的基础没有改变。在君主立宪制下，虽然依旧有君主存在，但是已经不再是单一的主权在君，比如转型时期的英国，主

① 《光绪朝东华录》（第五册），5736页。

权由君主、贵族和民众共享；再比如明治维新后的日本，实现了主权在国。

召开民国首届国会的直接法律依据是《中华民国临时约法》，该法第五十三条规定："本约法施行后，限十个月内由临时大总统召集国会。"《临时约法》还正式确认了"主权在民"，[①] 现代国家的"主权在民"在政制设计上一般体现为"议会主权"，但是《临时约法》对于国会在政体中的地位并未有所表述，只是规定了国会的一些具体职能，而这些具体职能经常随着政治局势的变化而变化。

没有确立国会在政体中的位置，实际上使得人民主权无所依归，民国初年的争论主要围绕着"总统制"还是"内阁制"转圈圈，而无论是总统制，还是内阁制，都无法解决主权问题。在君主消失之后，国家失去了主权的代表，混乱不可避免。

其次，国会的定位模糊。

应该看到，清末民初这三个全国性代议机构，主要都是在进行"立宪"，属于立宪时期，而非日常政治时期，不可能单纯地承担立法机关的职能。利益的纠葛不可避免，重要的是能够达成妥协。资政院和民国两届国会的程序基本是按照日常国会来设计的，但资政院和民国两届国会实际上都承担了某种制宪会议的职能，要解决转型时期的政治安排问题。制宪会议与日常国会不同，日常国会只需在宪制的框架下依照宪法规定履行国会职能。而制宪会议则是要完成立宪和设计

① 《临时约法》第二条规定："中华民国之主权，属于国民全体。"

政制的任务。[①]

就民国首届国会而言，实际上，关于日常国会事项的讨论，内部分歧都不大，讨论都属正常。而争执主要就集中在涉及政治权力分配的问题上。南北和谈只是暂时达成了清廷与革命派的和解，而对于现代国家的政治制度并无各方接受的良好安排。1911 年 12 月 3 日由各省都督府代表联合会制定并颁行的《中华民国临时政府组织大纲》是中华民国政府构建的主要依据，但其对于政府的三权具体如何行使、三权之间的界限并无明确规定，甚至遗落了司法权；没有规定中央与地方政府的关系。《中华民国临时约法》有一定进步，但对于权力划分也并不明确，同样没有规定中央与地方的关系。这些宪法制度的关键环节都成为悬而未决的问题，是民国首届国会必须要面对的，在民国首届国会上依然需要对诸如总统制还是内阁制这样的问题争论不休。

正规的制宪会议宜秘密进行，这一来是为了避免外界干扰，二来是为了保护代表发言，以免其意见成为日后政治报复的理由。[②] 而日常国会则一般应该公开进行，这也是选民对议员进行监督的一个途径。而资政院和民国首届国会的程序都是按照公开原则来设计的，允

① 制宪会议不等于制定宪法，制宪会议的形式因历史条件不同也不尽相同，它或者是有形的也可能是无形的。它可能以一种正规的制宪会议的方式，当然也可能以一种非正规的，甚至有可能在战场上见分晓的方式来进行博弈。比如说，辛亥革命后的南北和谈便属于制宪会议，主要问题是讨论实行君主立宪还是民主共和，南方代表伍廷芳和北方代表唐绍仪并非代议机构的代表，而是两大政治力量的代表。

② 美国 1787 年的制宪会议是通过协商方式成功立宪的典范，便遵循了秘密原则。

许外界旁听，允许媒体报导。

制宪会议一般应有各政治力量的主要代表参加，而日常国会则一般应遵循立法权与行政权分立的原则，行政官员不得兼任议员。资政院的议员虽然不乏高官权贵，但是贵族议员除了照顾各民族的代表之外，清皇室议员和世爵议员大多属于不掌握实权者；官吏议员也严格规定了四品以下的要求。军机大臣只是莅临资政院，大多摆出审查工作的姿态，而非参与讨论，在需要答辩时，军机大臣也可以单方面拒绝来到资政院[①]。作为重要力量的“君在议会”只是发发上谕，而并不参与协商。民国首届国会的议员理论上均为民选，当时的众多要人都非国会议员，如袁世凯、孙中山等。在缺乏代议传统、立宪尚未完成的情况下，让资政院和国会决定更具有政治力量的人物的命运，可谓天方夜谭。资政院只能等待皇帝上谕，而民国首届国会议事则屡遭袁世凯或明或暗的破坏。这也注定了议会的最终崩溃，由于议会承担了其不应承担的职能，在无法达成协商的同时，也造成了人们对于议会政治的失望。

在南京临时政府时期，只有参议院体现了转型期的特殊性。在民国首届国会会期中，曾经在国会两院中推人组成宪法起草委员会，这表明了当时对于立宪的需要，以及一定程度上隔离日常国会与制宪会议的努力，但是二者之间的界限并不明显，国会上讨论的许多问题同样涉及立宪问题，因为立宪问题的解决是国会许多讨论问题的前提。

---

① 《资政院议场会议速记录——晚清预备国会论辩实录》，李启成点校，上海三联书店，2011 年，128 页。

如果能够先召开制宪会议，再召开国会，或许效果更好，但是为了履行南北和谈达成的协议，遵守临时约法，只能速开国会。[①]在民国首届国会挫败之后，梁启超主张："国体新复，政府初成，国会已经解散，宪法尚未成立，……应该仍召集前时参议院各员，制定宪法，并修正国会组织法等，然后宪法可得施行，国会再当成立。"[②]

五、社会力量与代议政治

然而，作为转型期的议会，要想理解其失败的原因，还需要从代议政治的发生学上寻求答案。何谓代议政治？不是说有几个代表去投投票就是代议政治了，代议政治的实质特征在于由代议机构拥有最后的权力，能够达成协商来决定国家大事，以符合理性[③]和普遍利益。本书的观察对象均为近代转型、宪制形成时期的代议机构，这又不同于宪制实现、日常政治时期的代议机构。代议机构的协商能够取代君主专制成为国家治理的依凭，这就需要代议机构具有实质的权力和力量，而这种权力和力量的来源则是问题的关键。正如密尔所认为的，限制行使权力的规则，"只有在和真正政治力量的实际分配相一致的条件下，才是有效的"[④]。代议政治重要的不是形式上的开议会，而是

---

① 由此也可以看出，南北和谈并非一次成功的立宪事件，只是暂时达成了清廷与革命派的和解，而对于现代国家的政治制度并无各方均接受的良好安排。

② 《东方杂志》，1917年，9页。

③ 一般把代议机构视作意志的代表，而基佐和密尔的论述都强调了代议政治符合理性的一面。参见基佐：《欧洲代议制政府的历史起源》，张清津、袁淑娟译，复旦大学出版社，2008年；密尔：《代议制政府》，汪瑄译，商务印书馆，1997年。

④ 密尔：《代议制政府》，汪瑄译，商务印书馆，1997年。

其得以形成的背后的社会根源。

1. 议员结构与代议政治

权力制衡的来源包括两种：一是机构制衡，包括横向的机构制衡，和纵向的中央、地方机构之间的制衡；二是等级制衡。在宪制发育的过程中，等级制衡作为权力制衡的一种原发力量，发挥了重要作用。西方现代议会一般来自于中世纪的等级会议，等级会议被看作近代立宪体制的预备阶段。等级会议分为两种，一为英国式的上下两院制，二为法国式的三级会议，有的国家还出现过四级会议，但在实质上都属于等级会议。等级会议的特点便是划分不同的身份群体来选择代议士（议员）。比如英国的上院为贵族院，由教俗贵族组成；下院是平民院，由骑士和市民代表组成。法国的三级会议是由教会贵族、世俗贵族和市民代表三个等级组成。不过，所有等级的共同特点就是"有产者"，等级会议的英文 Estates 本身便含有"财产权"的意思，因而也可以称为"有产者会议"。"有产"本身就意味着一种权利（right）和特权（privilege）[①]，有了权利和特权才可以对抗权力。等级会议体现了具有一定社会地位的不同利益群体之间的博弈，在博弈中制衡权力。

在西方历史上，议会的出现也与地方自治相关，地方形成了对于中央有效的分权制约。但并非所有的地方分权都可以导致良好的中央

① 在西方封建社会，针对特定群体的权利可称为"特权"，是法定的，与权利一样，有相应的"义务"，与我们今天通常理解的腐败现象不同，也与我国古代社会的"特权"不同，我国古代社会针对上层阶层的"特权"一般没有对应的义务。

与地方共治的局面，西方的地方自治是与其封建制度联系在一起的，封建制度实质上是一种等级制度，各个等级之间彼此负责和制约。西方的等级会议与西方封建社会的结构密切相关，最开始，议会的出现便是土地贵族为了限制王权、维护自己的财产利益。

如果封建制导致了地方割据，那么便不可维持。中国历史上也出现过分封诸侯的局面，但是终究逃不脱“合久必分、分久必合”的历史循环，究其根源就在于没有解决好封建制的政制建构问题。可以说封建制的成熟与等级会议的确立是同一过程。议会保障了贵族的权力与权利，同时也保障了王权，使得王权与诸侯权力可以共存。

正是上述权力制衡的关系（等级制衡 + 地方制衡）奠定了西方宪制的基础。曼斯菲尔德认为，必须要有经济－社会和政治上有能力的或有特权的阶层，它们在团体组织中代表“邦国”或“帝国”的全体人民，同统治者相对。“主权者不能一下子创造出来，必须一部分一部分地发展出来：各等级是介于政府与个人之间的一个部分。各等级的存在确保政府事实上具有某种可代表的东西，即组成公众的人民。尽管各等级可能与君主一样无意促进自由，但它们对君主主权的挑战能够转入有利于自由的方向。”①

今天，在世界上的代议制政府中，议会的“等级”色彩已经褪去，在实行两院制的国家，虽然有的国家也有身份上的一定区别，但更多的是体现一种机构制衡的关系，等级身份的色彩不再那么明显。

---

① 参见曼斯菲尔德：“近代代议制和中世纪代表制”，刘锋译，载刘小枫选编：《施米特与政治法学》，上海三联书店，2002年，333页。

但是不可忽视的是，在现代议会的发展过程中，这种等级制衡所起到的作用。议会中多元群体的存在就是为了防止密尔所说的“阶级立法的危险”，议会应该是为了普遍的利益，“任何阶级，或是任何可能联合起来的阶级的联合，都不应该在政府中发挥压倒一切的影响”。[①]

因而，分析议会成员的身份构成是了解代议政治实效的一个途径，这也是本书研究的重点。在我国清末民初的全国性代议机构中出现了议员身份同质化的现象。权利必须有权力保障，从清末民初代议政治的实践中可以看出，议员大多为传统的“士”或者由“士”演化而来，没有形成有效制约政治权力的多元社会力量。

中国的传统社会并非一个典型意义的等级社会，历史上形成了一种中央集权的组织形态，在中央权力昏弱之时，往往产生地方割据，而非地方自治，民国初期的状况便说明了这一点。[②]在这种状况下很难产生等级会议式的议会。黄宗羲提议建立“学校议政”制度，学校成为表达意见和讨论政策的中心，以使统治者能对人民负有责任。[③]黄宗羲的制度设计类似于一种议会形式，但更多的是根源于中国传统的政治模式，提倡士大夫的参政议政精神，而非利益集团对于统治权的制约。梁启超曾经说过：“欧洲国家集市而成，中国国家积乡而成，故中国有乡自治而无市自治。”[④]这句话一方面表明了中国的社会领域的存在，另一方面也表明了中国社会领域存在的问题。现代国家的建

---

① 密尔：《代议制政府》，汪瑄译，商务印书馆，1997 年。

② 民国首届国会之前的临时参议院便呈现出了地方利益极化的特征。

③ 黄宗羲：《明夷待访录 · 学校》。

④ 梁启超：《饮冰室专集之八十六》，中华书局，1936 年，52 页。

立依赖于新兴阶层的兴起和城市力量，而这恰恰是中国所欠缺的。

虽然资政院、民国首届国会和民国二届国会在政治体制中的作用值得质疑，但其成员构成大体反映了当时真实的政治力量状况。当然，从实效上讲，能当选议员者一般为社会之精英，能够对社会、政治问题有着良好的判断，具有相关知识，有利于做出理性的判断。所以，中国清末民初的议员以政治精英（同时也是知识精英）为主并不是问题，关键的问题在于精英阶层的单调性。不可否认，除了“知识分子”，也就是传统的“士”之外，各阶层都有精英人士，农工商各界都有睿智之士，而这些阶层基本被排除在代议政治之外，缺乏政治力量，不能不说是一大问题。而且，即使是以“士”为主的议员，其中上层绅士所占比重也远远大于下层绅士。上层绅士以官吏阶层为主，本身就属于掌握国家执政权力的一方，缺乏限制政府权力的动机；下层绅士一定程度上可以代表地方自治的力量。

2. 税收与代议政治

西方代议制的产生往往与税收财政问题相关。比如作为议会发源地的英国，很早便出现了独立的王室财政，国家独立于市民社会，但几乎无权控制市民社会，[①]“君主每一次试图征集更多的财政收入时都要与那些能够提供这种收入的人协商或冲突”[②]。相比之下，在中国传统社会，却没有明确的皇室财政与公共财政的区分。且中国的“士”

---

① 曼列举了英国王室收入的状况。参见曼 :《社会权力的来源》，刘北成，刘少军译，上海人民出版社，2002 年，565 页。

② 曼 :《社会权力的来源》，刘北成，刘少军译，上海人民出版社，2002 年，587 页。

阶层还可以免除纳税义务。独立于官吏系统之外的有产者缺乏有效的政治力量。同时，长期以来的抑商思想和政策压制了商人阶层的发展。

虽然清末民初的这些议员大多也是有产者，“无代表、不纳税”的观念对他们也产生了一定的影响，① 但是中国的地主不同于西方的地主，西方的地主与国王的关系是封臣与封主的关系，二者具有权利义务的对应关系，而中国的地主不具有所有权的保障，与皇帝的关系完全是臣民与君主的关系，主要是从属性的，没有对等性。一种特殊的税率递减制也可以说明中国的传统士绅并非构成代议制政府的阶层因素。“富人按财产的比例纳税较少，而穷人纳税较多。如果谁变得相当富有，并且有优越的社会关系，他就可以向政府交很少的税。绅士利用他们的功名身份、特殊关系和特权干预地方行政，可以说不是代议制政府的形式，而是上层人物的统治形式”②。因为，在这里，特权（或权利）与义务之间并不存在对应性。在这种情况下，也不可能有真正的“无代表、不纳税”观念，因为纳不纳税、纳多少税，并不完全取决于是否有代表，与权力系统的关系起着更大的决定作用。作为士大夫阶层的主体思想的儒家思想虽然提倡差等秩序，但主要依靠一套礼治原则，而非经济原则，实际上儒家思想具有“反封建性”，也就是反对西方式的以相互权利义务关系为基础的封建模式。在清雍

① 比如议员易宗夔指出 :“我们是咨议局间接所选者，不是人民直接所选者，准诸不出代议士不纳租税之通例，我们自不能代表人民承诺新租税。”《资政院议场会议速记录——晚清预备国会论辩实录》，李启成点校，上海三联书店 ,2011 年。

② 费正清编 :《剑桥中国晚清史》，中国社会科学出版社 ,1985 年。

正时期曾提出“官绅一体当差一体纳粮”，遭到士阶层的普遍反对。

在资政院之时，以“士”为主体的议员缺乏制约君权的实质性力量，到了民国，君主的因素不存在了，那些议员依然缺乏制约政府权力的实质动力，更多把议会作为一个竞逐利益的政治舞台。

3. 议员结构与交叉认同的缺失

当然退一步说，即使中国不存在西方式的等级，而是按照中国道路走下去，也不一定不能达成宪制，因为宪制不仅是求异，也是求同。光是有等级制衡也不足以促成现代宪制的建立，当诸等级之间水火不容时，只能爆发暴力冲突，而不能实现妥协。代议政治还有另一个重要的特点，就是能够达成协商。因而，对于代议政治的实现，还有一个重要的因素，那便是“交叉认同”的存在。对于代议政治的研究，有人更多的关注于多元的利益群体之间的差异，但是比较政治学的研究注意到了某种共享价值对于宪制社会的重要意义。① 交叉认同（cross-cutting cleavages）是“比较政治学”中提出的一个术语，是指当社会倾向于交叉划分时，更可能形成妥协的制度安排。② 举一个例子，一个社会按照贵族和平民进行划分，但是贵族和平民都认同言论自由的原则，这时就形成了交叉认同。交叉认同不是在所有事情上整齐划一、一致通过，而是有分歧、有认同。

---

① “对于一个保持团结的社会、一个能够并且愿意保护它的所有公民的权利的政府，必须有某种共享价值。”参见 Franklin, Daniel P. & Baun, Michael J. (eds.). *Political Culture and Constitutionalism: A Comparative Approach* [M]. M. E. Sharpe Inc., 1994。

② 参见 Almond, Gabriel. Comparative Political Systems[J]. *Journal of Politics*, 1964:391-409。

对于近代西方的代议机构，大卫·斯塔萨维奇进行了更为细致的分析，他强调了代议机构中不同派别的“交叉认同”的重要性，他甚至认为，如果有交叉认同的存在，即使没有宪制分权机制，也可以导致政策的妥协和中庸，从而限制绝对的权力。[①]英国的革命较为温和，而法国的革命较为激烈，也可以从中找到原因。因为在英国的议会中存在着广泛的交叉认同，而法国则没有。

在近代中国，虽然不存在西方式的等级，但也存在着各种派系，他们之间形成了一种事实上的制衡，如果他们之间能够达成某种改革共识，那么也不是不可能创造出中国的现代代议政治，从而避免军阀纷争。

但是为什么中国的议会缺乏交叉认同呢？通过前文的分析可以看出，在资政院中具有了一定的“交叉认同”条件，钦选议员和民选议员在许多问题上达成了共识。但需要注意的是，他们是在君权之下达成共识的。民国建立后，君权的因素不存在了，民族主义成为了替代性的共识基础，然而由于民族主义在中国语境下的脆弱性，民族主义并没有成为促成宪制安排的关键因素，在涉及具体党派利益之时，议员们依旧会突破民族主义的底线。

君权与绅权的对抗使得晚清的立宪试验并未达成宪制安排。在君权取消之后，由于社会多元力量的缺失，人们的派系斗争是围绕着人事纷争展开的，水火不容，共识难以达成。所谓妥协，是各方为了共

---

① 参见斯塔萨维奇：《公债与民主国家的诞生——法国与英国，1688-1789》，毕竟悦译，北京大学出版社，2007 年。

识放弃一定的政治利益，而坚持基本的政治立场。而当时的情况则是，政治立场可以放弃或变换，政治利益却寸步不让。

对于代议政治的形成而言，等级制衡与交叉认同是两个重要因素。没有多元群体的博弈，则无以制约权力；没有求同存异，则无以达成协商。这两方面又是相互促进的，多元利益群体的存在使得达成某种符合普遍利益的共识成为可能；反过来，妥协精神又有利于多元群体的共存。相反，一体化国家虽然整齐划一，但是却脆弱不堪，内部的权力、派系斗争往往水火不容，甚至足以摧毁政权本身。

六、君权的解体及其问题

资政院是在君主立宪的背景下进行的，民国两届国会则是在共和立宪的背景下进行的，然而正如前文所述，民国首届国会相对于资政院并非绝对进步，比如资政院中存在着更多的交叉共识和规则意识，袁世凯对于民国首届国会的干涉更加粗暴，民国二届国会常被贿选控制。有人说，民国不如大清。从某种程度上看，是有道理的，但是这一说法忽视了转型时期问题的复杂性。相比而言，民国的国会在政治中的分量要大于晚清资政院。晚清资政院的正面意义主要体现在士阶层的公共意识上，而民国的国会中虽然议员的私利倾向更为明显，但是从制度结构上看，在利益博弈之中，国会在政治结构中的作用也突显出来。这反映出了从君权制下的咨询机构向共和制下的代议机构的转型。

在中国传统政治中，君主拥有最终的统治权，而绅士则拥有具体的执行权和地方自治权。君主个人是弱君或强君对于这套体制的影响不大，因为总有人会代表君权在实行统治，后宫专政也好、宦官专政也好，都是君权的一种变异形式。资政院实际上依然没有超越传统的君权模式，资政院议员们的激烈辩论主要是在传统政治的框架下进行的。在传统政治框架下，绅士负有对君主谏议的权利和职责，绅士的谏议不会动摇君主的合法性，反而会增强君主的合法性，使君主像个明君。[①] 绅士也不可能成功弹劾君主。如果因为绅士批评了君主几句，君主就下台了，那叫篡位或者逼宫，不具有合法性。所以，资政院的讨论很激烈却没有引来君权的粗暴干涉，对于弹劾军机案，只要“留中不发”就解决了问题。

辛亥革命废除了君权，但是绅治的因素依然存在，可以说成为了当时中国唯一重要的政治力量。此时，关于国家元首和最高行政长官在政制中的安置成为一个关键话题，从这个角度看，关于总统制还是内阁制的讨论不简单是争权夺利的问题，更主要的是在君权废除后如何安置人们已经习惯了的最高统治权的问题。即使后来的洪宪帝制实验，在当时的历史背景下也不能简单地理解为袁世凯个人的政治投机行为，1915 年成立的筹安会就曾用儒家理论为袁世凯复辟帝制而辩护，而筹安会“六君子”既包括在中国最早引进西方自由主义理论的严复，也包括反对保皇的杨度。然而人事斗争、政治利益却使得对于政体的协商讨论成为不可能。

---

① 海瑞在“论治安疏”中说得很明白 :“君者,天下臣民万物之主也。惟其为天下臣民万物之主，责任至重，凡民生利瘼一有所不闻，将一有所不得知而行，其任为不称。是故养君之道，宜无不备，而以其责寄臣工，使尽言焉。臣工尽言而君道斯称矣。”陈义钟编校 :《海瑞集》，中华书局 , 1962 年，21 页。

要知道，在清帝退位之时，袁世凯答应出山收拾残局，当时袁世凯提出了六项条件，第一条便是召开国会，第二条则是组织责任内阁。这样提无疑有其策略上的考虑，但可以看出袁世凯在思想观念上并不决然反对国会和责任内阁。但何以袁世凯在民国成立后，就不断破坏国会和责任内阁的规则呢？本书不是侧重于权谋的分析，而是强调这与统治结构的转变不无关系。在资政院中，存在着实际上的“君在议会”，君主对资政院发上谕具有合法性，而作为民国大总统的袁世凯却没有合法途径直接介入国会讨论，虽然资政院时的君主只是个孩子，而袁世凯则是个政治强人。这可以说是一种历史的进步。但在事物初生阶段，不可避免各种弊端。资政院不能弹劾君主，因为君治与国家的政治制度是一体的，如果大臣可以废黜君主，那么将是中国传统政治制度的危机。但是在民国初年，出现了责任政府的雏形。所谓责任政府，其实质就是政府依据宪法规则的正常轮替。政府可以被弹劾、内阁可以辞职、当政者可以下台，但都是依据宪法原则，而不是“宫廷政变”，这种权力的轮替不会危及政权本身，这是现代政治的常态。政府与国家的政治制度不是一体的，一届政府倒台并不会导致政治制度的瓦解，而是政治制度本身的一部分。民国首届国会便成功地弹劾了赵秉钧内阁，同样，民国首届国会也具有令袁世凯下台的可能性，非袁姓的其他人通过选举当选民国总统具有合法性，而非篡权。袁世凯曾经表示过，他当清朝总督时所受的限制比当总统还来得少。这是一种历史的进步。但是回到转型期的复杂历史背景，这又不可能不导致各方的利益冲突和争执。政治精英们并没有习惯于这种权力更替的形式，常常把“下台”视作传统政治中的“改朝换代”般的政权解体，因而对于可能导致正常权力更替的政治权利行使采取抵制态度。

单纯的绅治不可能支撑中国现代政制的转型。在1905年废除科举制之后，儒家作为一种政治意识形态开始退出历史舞台，传统绅治所得以依赖的理论基础瓦解，士大夫们的精神世界也经受着冲击。从资政院中许多议员可以秉持公心、直言敢谏，到民国首届国会中许多议员结党营私、接受贿赂，也反映了时代的变迁。而中国的绅士阶层最大的问题是缺乏广泛的社会基础，缺乏代表先进生产力的力量。到了民国第二届国会之时，议员成分更加单一，甚至排除了大量代表一般社会力量的绅士，而主要由官吏组成，从此中国走向了“军绅政权”。①

七、余论

民国初期，国会在公共舆论中具有很强的合法性，贿选总统的存在从一个侧面说明了总统职位需要国会选举来证成其合法性。然而在代议政治遭遇挫折之后，对于国会出现了许多负面的舆论，国民大会运动作为取代国会的一种事物便是在这种背景下出现的。当时的许多政治精英也意识到了代表性不足是民初国会的一个重要问题，倡导“国民大会”的思潮即是反思代议政治挫折的产物，意在以“国民制宪”取代“专家制宪”，增加国民大会的代表性，更加体现民意。

① 关于“军绅政权”的说法，参见陈志让：《军绅政权——近代中国的军阀时期》，三联书店，1980年。

在本书研究的时间段内，西方现代文明发展已经历了一定阶段，相应的问题也显现出来，因而此时正值西方反思代议政治、提倡大民主运动之时。而这股思潮恰与中国民初代议政治的挫折相呼应。孙中山在反思代议政治在中国运行中的挫折的基础上，提出了“全民政治”的主张。孙中山把国民大会当作行使直接民权的机关，也就是一个直接民主的机构，而非代议民主的机构。

1920 年 8 月 1 日，吴佩孚通电提出《国民大会大纲》，倡“国民自决主义”，由“国民公决”制宪。1924 年，各地先后成立了“国民会议促成会”。1925 年 3 月 1 日，国民会议促成会全国代表大会在北京举行。但结果是，国民大会未能成功召开，国民大会思潮也未能实现中国的现代转型。

当时北洋政府是形式上的合法政府，国民大会运动意在否认北洋政府的合法性，重新制宪建立新政府。激进的思潮使得对于立宪制度的认真思考成为不可能。国民大会运动体现出了无政府的大民主的种种弊端。首先是不可行，由于中国广土众民、又欠发达，直接民权行于地方各县已经困难重重，更何况行于中央。因而不得不退而求其次，缩小直接民主的范围，这就与议会没有差别了，这又回到本书论述的主题，由于公共领域的不成熟，无论是直接民主还是间接民主都很难促成最终的宪制安排。理想的代议政治应是人民意志与理性相结合的产物，国民大会只强调意志的一面，而忽视理性的一面，难以承担一个古老帝国的立宪转型重任。

民国的国会只开了两届即中止了，代议政治在中国的尝试遭遇失败。我们最初对西方议会制度的学习主要是学习了其形式，而并不具备西方代议政治产生的基础，因而代议政治在我国近代的挫折或是一种必然了。当然中国可以借助所谓的“后发优势”，不一定建立一种等级会议的模式，可以直接过渡到今天的以地域代表制为主的议会制度。但是，在一个缺乏权力制衡传统的国家，这样的制度“大跃进”恐怕是难以实现的。

通过分析清末民初代议政治的挫折可以发现，一个社会领域发育不成熟的国家走向宪制的困难。中国近代代议政治挫折的社会根源在于缺乏多元的社会力量的政治参与，而中国近代代议政治取得了一点成绩的原因在于社会力量的存在，可见社会力量与代议政治之间有着一种正相关性。要推动中国的宪制民主，应重视培育一个成熟的社会领域。

第二章　政治结社与民初政党乱象

政党的兴起是现代政治的重要特征之一。民国初年，我国尝试现代政治转型，除了代议政治之外，政党制度也是其中之一。梁启超认为，政党之在于培植政治上和平的对抗力，如若这种对抗力销蚀，"全国政治力成为绝对的，其结果必为专制；而专制继起之结果，必为革命"。[①]也就是说，如果两党或多党公平竞争，和平对抗，则能实现一种良性的政党政治。但显然，梁启超的这个理想落空了。民初的政党政治未能带来和平，而是陷入了无序的党争，最终走向了革命。如何解释这种现象？本章通过政党的两种类型及其与现代转型的关系来进行论述，主要考察民国初期政党的特征，在政治转型的背景下，观察政党形态与国家权力、社会结构之间的关系。

一、政党的类型与现代转型

现代政治某种程度上都可以说是一种"党治"，不过有的国家是以一党为主，有的国家实行两党或多党轮流执政。政党为具有相似政

---

① 梁启超："政治上之对抗力"，载《饮冰室文集点校（第四集）》，云南教育出版社，2001 年，2345 页。

治倾向的人组合成的组织，代表一定的社会利益，意在根据自己的政治纲领来实行国家治理。然而，在现代政治的发生过程中，由于不同国家的政治结构、社会结构的差异，政党在不同国家发挥了不同的作用。

就政党与现代转型的关系而言，有两种情况。一是，政党主要专注于政治领域，以议会选举为核心，按照政治程序进行运作。这样的政党一般是在现代立国的过程中或国家基本完成现代立国和立宪之后自发形成，政党并非现代转型的必要条件，宪制可以先于政党而产生。这样的国家一般是社会领域发展较为成熟，专制传统不那么强，宪制具有自发性，政党并没有在立国或者立宪的过程中起到决定性作用，政党主要发挥的是日常政治当中的职能，专注于选举领域，实行执政的正常更替。也有的国家是通过革命实现政治转型的，但政党在其中主要起的是一般性组织领导的作用，在革命之后，政党依然接受现代政治原则，开议会，实行选举。二是，通过政党来完成立国和立宪，也就是说政党是立国或立宪的推动力量。通过政党实现社会动员，进行社会革命，政党不仅关注政治领域，而且扩大到社会领域。这样的国家，宪制一般不是自发形成的，而是受到各种因素刺激之后的一种反应，宪制的建立比较曲折。依靠政党完成立国或立宪，政党往往会有比较强的意识形态控制，造成“一党独大”的情况，这就涉及在完成现代立国和立宪之后，政党与国家权力、社会领域相分离的问题，也就是“党治”的日常政治化。

前一种属于议会选举型政党，也就是主要专注于政治领域，通过政治手段而执政。后一种属于政（治）社（会）一体化政党，也就是不仅专注于政治领域，更是扩展到对社会领域的动员和控制，其执政不仅仅通过政治手段，有时还有非政治手段，在非常政治时期或转型政治时期比较常见。在政治学中，通常把政党分为革命党和议会党。实际上，同一个党既可以是革命党，又可以是议会党，这不过是党发展的不同阶段，这并未揭示出不同政党的本质区别。萨托利认为，议会党向选举党的演变表明了民主的过程，但这也主要是从形式上对政党所作的分析，从现代转型的实质作用而言，议会党与选举党是一回事。[①] 金观涛、刘青峰把政党分为政见型政党和意识形态型政党，[②] 与本书的分类比较类似。一般而言，政见型政党即为议会选举型政党，意识形态型政党即为一体化政党。不过金、刘侧重的是政党的运作机制，而本书侧重的是政党在现代转型中的作用。

前文梁启超所言的政党属于前一种类型，这种政党如能成功运作则可避免大范围的社会动荡。然而问题的关键在于，为何这种政党在中国无法成功运作？民初的政党形态由议会选举型政党走向了一体化政党，这与中国的国家 - 社会结构之间有着深刻的联系。

二、议会选举型政党的形成

我国的传统政府一直压制民间自由结社，与结社相关的一些词汇也常带有贬义，比如“社会”、“党”等。正所谓“君子不党”、“结党营私”，“结党”与“营私”是联系在一起的，这里的“党”并不具有

① 萨托利的分析，参见萨托利：《政党与政党体制》，王明进译，商务印书馆，2006 年，46 页。

② 金观涛，刘青峰：《开放中的变迁》，法律出版社，2011 年，243-244 页。

公共性，通常称为“朋党”，一般也不是一个固定的组织。在传统社会，更多存在的是秘密结社，而非合法结社。1908 年，宪政编查馆会同民政部上奏折，要求清廷制订法律，肯定绅士结社自由，在有关奏折中，对“社”和“会”两个字做出明确解释：“经久设立则为结社，临时演讲则为集会，论其功用实足以增进文化裨益治理……”① 这里对于“结社”做出了正面的阐释。民国成立后，结社自由进一步获得了合宪地位，在本书研究的时间段内，政府发布的各部宪法性文件和拟定的宪法草案都确认了结社自由。

政党是公共空间发展的产物，也标志着政府治理结构的转型，这里的“党”具有公共性。清末民初，由于国家统治力的衰落，各类结社在我国兴起。张玉法教授从大量资料中统计出，自武昌首义至 1913 年底，新兴的公开党会有 682 个，其中，政治类 312 个、联谊类 97 个、实业类 72 个、慈善类 20 个、公益类 53 个、学术类 52 个、教育类 28 个、军事类 18 个、宗教类 15 个、国防类 14 个、进德类 9 个、其他 10 个。这之中还不包括自 1894 年至 1911 年出现的 193 个立宪团体和革命团体。② 与此同时，中国社会中还出现了大量非政治性的社会组织。随着社会阶层的分化组合，以及工业化的发展，出现了利益团体的雏形，最典型的就是商会。这些社会组织的兴起，标志着独立于国家政治权力之外的社会力量的崛起。

民国成立后，随着结社合法化，大量社团开始涌现，许多清末的

---

① “宪政编查馆会同民政部奏拟订结社机会律折（附片并清单）”，载《东方杂志》，1908 年，第 5 期，229-230 页。

② 张玉法：《民国初年的政党》，岳麓书社，2004 年，32 页。

秘密社团组织开始公开化，成为中国现代意义上的政党组织，并成为现有政治权力的反对力量。“在清朝末年，形式上成为公开政党的，只有由‘国会请愿同志会’演进而成的宪友会。”[①]“公开的党会，清末以商会、教育会为多，因当时以倡教育、兴实业为救国药方；民初以政治党会居多，因当时一般人的注意力集中在建国的方向上。”[②]

民初政党的形成与代议政治的出现密不可分。民国建立后，根据《临时约法》，拟召开国会，试行代议政治。民国国会与晚清资政院所不同之处在于，政党开始介入其中。随着君主制的结束，政党登上了历史舞台。民初政党以议会选举型政党为主，围绕着民国首届国会的选举，政党逐渐成型。

在民国首届国会选举中主要存在着三派政治力量，一是所谓的“革命派”，二是所谓的“立宪派”，三是承认民国的晚清旧官僚。革命派的主要组织是同盟会，虽然这类似于一个革命党，并且也曾经意在建立一个军政府，但是在民国成立后，同盟会接受了立宪的主张，把自身改造成一个议会党，从事于选举活动。著名的事件就是“毁党造党”，也就是“毁”革命党同盟会，“造”议会党国民党。[③]在以前的历史叙述中，往往重视革命派在辛亥革命中的作用，而忽视立宪

① 李剑农：《中国近百年政治史》，复旦大学出版社，2002 年，321 页。

② 张玉法：《民国初年的政党》，岳麓书社，2004 年，32 页。

③ 国民党的前身中国同盟会，于清光绪 31 年成立于日本东京。1912 年 8 月，根据宋教仁的策划，中国同盟会合并同主义其他四党（统一共和党、国民共进会、共和实进会、国民公党）组为国民党，主要是为了应付民国首届国会的选举，以使国民党能在选举中占据多数。在成立大会的演说中，孙中山强调了追求两党政治、成立政党内阁的愿望，体现出了议会型政党的特征。

派，实际上立宪派在辛亥革命、民国建立的过程中都发挥了重要作用。各省独立的过程中，省咨议局发挥了重要作用，也等于证成了各省独立的合法性，而咨议局的主要成员便是立宪派。在南北和谈、新政府的设计中，立宪派都发挥了重要作用，《清帝逊位诏书》的起草者便是立宪派的主要人物张謇。立宪派本身就具有强烈的协商意识，倾向于代议政治。而部分晚清旧官僚也接受了代议政治的游戏规则。因而，在民国首届国会的选举中，主要是这三派力量通过议会选举型政党在竞选。

三、政党政治的挫折

1. 政党内阁的泡影

由于议会问题前文已经述及，本部分主要关注政党内阁问题，也就是在国会选举之后政府的组织问题。

大力倡导政党政治的宋教仁认为，应由国会大党组织内阁，建立责任内阁。正如宋教仁所设想的，政党政治与责任内阁是相关联的。一般而言，议会中的获胜方也就是行政机构中的组阁方。宋教仁的设想固然与其国民党成员的身份有关，为了限制总统袁世凯的权力，而力主内阁制。然而中国当时正处于传统政治向现代政治的转型之中，在内阁制之下，总统相当于一个“虚君”。这在中国当时的政治环境下是很难实现的。

实际上，无论是按照总统制的设计，还是按照内阁制的设计，当时都未能实现真正的议会多数党组阁，而是出现了“分裂政府”的情况。分裂政府是政治学中的一个术语，是指行政分支由一个政党控制，而国会多数由另一个政党控制的情况。这主要是由于实行秘密投票之后，有的人在国会选举中投一个党派的票，而在行政选举中投另一个党派的票。而这在转型中的民国，情况则更为复杂。

1912 年 1 月 1 日，孙中山于南京就任临时大总统，之后任命各部总长，开始组织临时政府。临时政府分为九部，总长分别为：陆军总长黄兴，海军总长黄钟瑛，司法总长伍廷芳，财政总长陈锦涛，外交总长王宠惠，内务总长程德全，教育总长蔡元培，实业总长张謇，交通总长汤寿潜。其中，除黄兴、王宠惠、蔡元培为同盟会员之外，其余均出身满清官僚或立宪派人士。然而颇有趣味的是，张謇、汤寿潜、程德全、伍廷芳、陈锦涛五人或居租界，或不管部务，部务均由次长代理，而次长均为同盟会员。这样安排的用意在于，总长取名，次长取实，即总长用名流，次长用党员。按照现代官僚制，总长一般是执政党成员，体现政治性或党性，次长则为事务官，体现专业性和行政事务的连续性。而民国当时的情况却恰恰相反，总长为有一定行政经验的旧官僚，主要是挂名，次长则为执政党成员，掌握实权。当然，当时尚未实行政党政治，这个组阁考虑到了过渡政府的稳定性，也是一种政治妥协。在民国建立之后，应该进入立宪阶段，实现宪制安排。但显然，当时的政治精英或无立宪意识，或受政治传统和政治环境所限，中国并未实现真正的立宪，为以后政治安排中的混乱埋下了伏笔。在这种情况下，便急于进入政党政治，通过政党竞争实现宪制安排，显然只会乱上添乱。从民国成立到国民政府成立之前，从未出现过议会多数党组阁或政党内阁的情形。依旧是延续了这种政治均衡、照顾各方利益的安排。

南北和谈后，依据《临时约法》组织的第一个内阁为唐绍仪内阁。黄兴介绍唐绍仪加入同盟会后，唐绍仪成为同盟会员，同时，教育总长蔡元培、工商总长陈其美、农林总长宋教仁、司法总长王宠惠皆隶属同盟会，后来受任国务院秘书长的魏宸组亦隶属同盟会，而外交总长陆征祥为无党派，交通总长施肇基为唐绍仪侄婿，内政总长赵秉钧、陆军总长段祺瑞、海军总长刘冠雄为袁派人物，财政总长熊希龄属统一党。虽然赵秉钧、刘冠雄后来均列名同盟会，但仍属袁世凯一系。当时尚未召开国会，政党政治也尚未成形，因而这个内阁可算过渡政府，混合内阁尚有一定合理性。然而这个内阁却面临着与总统的矛盾。唐本为袁的亲信，后加入同盟会，难免为袁所猜忌，而袁作为从传统政治中转型过来的人物，对于内阁副署制度不习惯。这时，总统与内阁之间仍是传统的人治思维，而非按照法定程序公事公办。唐绍仪内阁最终以唐绍仪的辞职而结束。

唐绍仪离职后，袁世凯以陆征祥代唐职，同盟会则决议唐及其他同盟会籍阁员辞职，另组新阁。1912 年 6 月 20 日，同盟会代表刘彦、李肇甫、张耀会、熊成章向袁世凯陈述同盟会方面意见称："内阁只有二种：一超然内阁，一政党内阁；如仍采混合内阁之制，同盟会员惟愿不加入。"而袁世凯对同盟会的提议并不赞同，他认为，目前人才紧缺，一党不能得许多人才，而倾向于超然总理混合内阁。①

当时舆论上亦认为，如若一党握有政权，易招反对，引发更大的

① 《民立报》，1912 年 6 月 23 日。

冲突。然而，超然总理、混合内阁并未像人们想象的那样获得各方通过。7月18日，陆征祥提出的国务员名单，被一律否决。7月20日，陆征祥开始请假，不理政务，至8月22日辞职。

赵秉钧代替陆征祥出任内阁总理。赵秉钧也加入了同盟会，后同盟会改组国民党，赵得国民党籍，但赵仍为袁世凯亲信。“赵此时所以得任总理，乃因其既受袁之信任，又受国民党人之拉拢。”①赵内阁既成，黄兴乘势遍说各国务员加入国民党，免再蹈混合内阁覆辙。于是赵内阁阁员，除陆军总长段祺瑞、海军总长刘冠雄（当时有军人不得入党之规定）之外，皆挂名国民党。②至此，一个形式上的政党内阁建成。但是不要忽视，在中国当时的政治环境中，总统绝非虚职，而总统袁世凯不是国民党员，总统与内阁的分裂也埋下了政治不稳定的因素。

之后，在民国首届国会选举中，国民党大获全胜，进而冀求组织真正的政党内阁，袁世凯一派感到权力受威胁，于是演出了刺杀宋教仁的悲剧。③

后赵秉钧内阁遭国会弹劾，逐渐瓦解。袁世凯倾向于组织一个名流内阁，袁本属意于张謇，张謇则推熊希龄。熊希龄获国会通过，熊希龄内阁成立。熊希龄内阁中，除两位军方人士外，属进步党一派者

---

① 张玉法主编：《中国现代史论集：民初政局》，联经出版事业公司，1980年，154页。

② 张玉法主编：《中国现代史论集：民初政局》，联经出版事业公司，1980年，156页。

③ 关于宋教仁被刺的真相众说纷纭，大体有几种说法：一为袁世凯指使，二为袁世凯手下讨好所为，三为孙中山剔除异己。总之多少都与宋教仁关于政党的主张有关，他希望建立的是一套以政党政治为基础的现代政治。

5 人，旧官僚 2 人。[①] 进步党多为清末立宪派，与旧官僚、袁世凯有着渊源上的趋同性，这个内阁基本上稳定，且以名流为主。这些名流多为各方面的专业人才，提出了很多有益的行政方案，如“熊内阁之大政方针”“政府大政方针宣言”等。

然而袁世凯却无法容忍大政方针操于党人之手，形成独立于自己之外的一支政治力量。1914 年 2 月 12 日，熊希龄辞职，袁世凯任命孙宝琦兼代国务总理；之后，梁启超辞职，袁任命章宗祥为司法总长；汪大燮辞职，袁任命严修为教育总长；任命章宗祥代理张謇职务。此时，袁世凯任命内阁成员已无须立法机构同意，且径自改国务总理为国务卿。内阁成为袁世凯的僚属机构。此时，国会已然解散，没有了袁世凯与国会和内阁之间的冲突，但刚刚建立起来的现代国家体制也趋瓦解。

袁世凯尚算政治强人，可以维持表面上的统一，在袁世凯去世后，被解散的国会得以恢复，但并没有解决“分裂政府”的问题，中

① 熊希龄内阁组成如下：

职衔	姓名	党派
国务总理	熊希龄	共和党，接近进步党
外交总长	孙宝琦	旧官僚
内务总长	朱启钤	旧官僚
司法总长	梁启超	进步党
财政总长	熊希龄	共和党，接近进步党
教育总长	汪大燮	进步党
农商总长	张謇	进步党
交通总长	周自齐	进步党
陆军总长	段祺瑞	旧军人
海军总长	刘冠雄	曾属国民党

央政府陷入了混乱。被恢复的国会已经残破不堪，大部分国民党员退出了国会，没有多数党可以组阁，也没有可以代替段祺瑞出任内阁总理的党魁，而段琪瑞这位现成的阁魁在国会中也没有自己的政党。此时中央政府的构成更成为一个照顾各方利益的大杂烩。段祺瑞内阁的组成包括：研究系的范源濂，宪政商榷会的左右两系（左为孙洪伊，右为谷钟秀、张耀曾），徐树铮属于旧军人，而黎元洪的总统府倾向于商榷会一系。

护法战争时，段祺瑞因与总统冯国璋不和而辞职，梁启超、汤化龙、范源濂、林长民等研究系阁员也随着段氏去职，段内阁瓦解。段氏去职时异常激愤，曾向北洋军发出一道密电，其中谈到："环顾国内，惟有我北方军人实力，可以护法护国。"[①] 认定北洋军阀是中国唯一有实力的势力。

在民国首届国会遭解散之后，国民党遭到排斥，在胁迫之下，大量党员宣布脱党，实际上已经不存在以选举为中心的政党政治了，也就谈不上政党内阁了。这时的内阁内部政党之间的分歧不明显，以混合内阁或名流内阁为主，是政治均衡的一种产物。但是，由于责任政府的理念已经确立，内阁在政治体系中的作用远远大于中国任何传统的内阁，比如法定的副署的权力，内阁与总统之间的冲突频频爆发。

在现代政治之下，一般会区分政务官和事务官。政务官由议会中获胜的政党的成员担任，也被称为"政党分赃制"，实际上是政党内阁的基本机制，政务官的业绩直接关系政党的选举成绩，与所属政党

---

① 李剑农：《中国近百年政治史》，复旦大学出版社，2002 年，454-456 页。

共进退；事务官则体现现代官僚制专业化的一面，相对稳定。这种“政党分赃制”与传统的政治分赃截然不同，是与选举相关联的民主政治的组成部分。与现代制衡机制相对，在中国传统人治下，更喜欢搞“均衡”或“权衡”。皇帝通常会任用来自两个或多个派系的人为官员，让他们彼此之间明争暗斗，由此来控制大臣，使得任何一方都不至于大权独揽，从而稳固皇权。或者为了照顾情面，让各方都获得一点利益，搞政治分赃。这是人治之下的权谋，而非现代政治之下的制衡机制。这种“均衡政治”并不符合行政效率的要求，造成效率低下，现实中互相掣肘。

2. 政治忠诚的困境

政党组织需要党员一定的政治忠诚，这是保证政党政治良好运作的前提。不过，在今天民主政治运作比较成熟的国家，政党在政治中的作用已经不太明显，尤其是秘密投票制出现之后，党员的政治忠诚度也有减弱的趋势，哪个党执政对于国家制度的影响也不大，政党政治就仿佛流水线一样按部就班地运作。然而，对于冀求政党在国家现代政治转型中发挥关键作用的国家而言，政治忠诚对于保证政党作为一支独立的政治力量、按照规则良好运作就具有重要性。民初的政党政治还面临着政治忠诚的困境。这主要体现在四个方面：

一是跨党现象严重。“如伍廷芳、那彦图、黄兴有 11 党籍，黎元洪、陆建章有 9 党籍，熊希龄、赵秉钧有 8 党籍，陈其美、王人文、唐绍仪、王宠惠、景耀月、张謇、于右任、孙毓筠有 7 党籍，梁士诒、汤化龙、谷钟秀、杨度、程德全、胡瑛有 6 党籍，汪兆铭、温宗尧、章炳麟、王赓有5党籍，刘揆一、李平书有4党籍，梁启超、孙洪伊有3党籍。”[①]

二是各党的主张多有雷同之处，张玉法对此曾经有过细致的分析。从统计中的35个党来看，平均每2.8个党共用一种主张。[②]对于议会选举型政党，并不一定要求严密的组织性，但政党纲领却是其生命线，是进行议会活动和选举活动的关键。

第三，正是由于以上两点原因，党员并不把对党的忠诚太当回事，被收买之事常有发生，在第一届国会期间，便出现了拆党、重新组党的事情。在首届国会选举时，宋教仁为了使国民党赢得更多席位，拉拢了许多传统士绅，在当选的国民党议员中，传统士绅占据了较大的比重，这说明当时的政党主要还是一种派系政治的延伸。这些人既可以为国民党所拉拢，也可能为袁世凯所拉拢。“当时国民党员某某得某党若干元入某党之言竟日而有，而报章亦见议员脱离国民党之告白。袁的收买方法，除诱使国民党议员脱党外，有不必脱党入党、投一票赞成一事即有若干金者；有不必投一票赞成一事、只不出席便有若干金者。”[③]台湾地区学者彭怀恩对此种现象评论道，这种策略的运用，“使国民党从坚持政治理念的‘教士型’政党，转变成功利主义的‘掮客型’政党”[④]。更有人脱离国民党组织第三党，景耀月、孙毓筠等之政友会，刘揆一等之相友会，温雄飞等之潜社，朱兆

① 张玉法：《民国初年的政党》，岳麓书社，2004年，35页。

② 张玉法：《民国初年的政党》，岳麓书社，2004年，36-38页。

③ 张玉法：《民国初年的政党》，岳麓书社，2004年，309页。

④ 转引自杨天宏：《政党建置于民国政制走向》，社会科学文献出版社，2008年，90页。

莘等之集益社，无不有袁世凯政府之金钱作用在内。政友会之议员甚至每月得袁世凯所给津贴二百元。民国首届国会中的进步党议员也因分子复杂，内部分歧严重。到1913年9、10月间，部分进步党人与袁的嫡系别组公民党，部分进步党人又与国民党人合组民宪党。"进步党自创党以来，其所取政策，即系与现有势力相结合，意欲乘机而指导之、改造之，使成为我国之中坚力量，以求安定一时之社会秩序，并徐图发展。"①

四是党员在议会不贯彻政党意图。如在民国首届国会竞选参议院议长时，陈家鼎不受党本部决议的约束，出面竞选议长，最后导致汤化龙当选，本党候选人吴景濂未能当选。

五是政党经费部分依赖于政府。经费是维持政党运作与发展的核心要素，某种程度上影响着政党的行为。民国初期，政党关于经费的规定较为完善，主要来源于个人捐赠，但在实践中却出现向政府索要经费的情况。比如张謇曾致电袁世凯希望他给政党提供经费，张謇不止一次从政府获得经费资助。随着国会选举的临近，国民党也开始向袁世凯政府和地方政府寻求经费资助。②当政党经费依赖于当政的政治势力时，就难免受制于人，从而政党忠诚无从谈起。

3. 不党主义的兴起

1913年5月、6月，国民党开始与袁世凯政府进行武装斗争，于

---

① 刘以芬：《民国政史拾遗》，上海书店出版社，1998年。

② 参见王建华："民初政党经费来源研究——以共和（统一）、国民（同盟会）两党为个案"，《民国档案》2007年第1期，56-59页。

是袁世凯政府颁布了不准私立党会的禁令，许多激进的党会被封闭，一般性的党会活动也趋式微。之后民国首届国会解散，政党政治受到巨大打击，政党失去发挥作用的舞台。革命的国民党已被解散；民宪党同时被取消；共和党亦失去领导。大中党、政友会、宪法公会、相友会、超然社、集益社及其他各个政团，皆依赖国会而产生，皆随国会的解散而消灭。公民党原为监督国会，作为袁世凯、梁士诒的私人工具，此时更无存在的必要。

袁世凯去世后，梁启超、汤化龙等鉴于民初以来党争所造成的严重后果，竭力宣传其"不党主义"[①]的主张，遂打出"宪法研究会"、"宪法讨论会"等称号。实际上，梁启超等人主要是为了消除国民党的影响力，认为国民党走向二次革命，行为有所过激。然而，这种"不党主义"并不能解决民初政党政治所面临的主要问题，在削弱"党"的概念的同时，使得这种"弱党"在转型期更加无法发挥有益的作用。民国二届国会的情况，已经说明了这一点。不党主义的兴起是政党思潮的一大退步，以"会"取代"党"，重新把"党"视作一个贬义词。

不党主义的后果之一是民初的大党分解为许多弱势的派系，组织涣散，组织力进一步降低，政治忠诚更是无从谈起。这些派系更加不具有社会代表性，从而成为军阀的附属品。"民国元年二年间的重要政党大都在各省设有支部，现在则无论何党，大都没有在各省设有支

① "不党主义云者，盖以时势如此，当超出政党之外，一致协力，共济国事，所谓举国一致论也。"谢彬：《民国政党史》，四川人民出版社，1987 年，55 页。

部的……但是他们对于各省的地盘并不是不注意了，不过他们现在所注意的，全集在督军省长身上”。[①]

前文已经言及代议政治的挫折，而本部分又可见当时政党并未能组织起一个有效的政府。可以说议会选举型政党并没有解决民初所面临的主要的政治问题，包括央地关系、政治稳定等。

四、国民党的改组

不仅政党之间，政党内部也呈现出复杂的派系状况。如果在正常的政党政治下，这也不是太大的问题，可以通过发展过程中的优胜劣汰而解决。但是在政治转型时期，这种政党状况不仅不能承担起完成中国现代立国和立宪的任务，而且本身便制造了现代转型的困难，并使人们对现代政党政治产生曲解。在正常的情况下，对于这种情况的解决主要是通过社会的发展、社会领域的成熟来缓解，然而这是一个缓慢的过程，当时的中国并不具有这样的条件。面对这种情况，孙中山开始重视革命政党的组织领导作用，走向更加集权、组织更加严密的一体化政党，即意识形态型政党，最终导致了国家政权由党代表行使、政府由党产生、政府对党负责、重要法律由党修正及解释的党 - 国政制。

中国国民党承续兴中会、同盟会、国民党、中华革命党而来，其间不仅名称多变，而且其组织形态亦几经因革。兴中会是国民党的胚胎阶段。同盟会是推翻清政府的主力，也就是当时的革命派。辛亥革

---

① 李剑农：《中国近百年政治史》，复旦大学出版社，2002 年，430-431 页。

命后，同盟会由于主要是推翻清政府的秘密社团，继续存在不利于国民党吸纳绅士阶层，同时也与政党政治精神不符。国民党遂于 1912 年 8 月 25 日成立。国民党的产生是西方民主制度引入中国，并在中国建立一个议会选举型政党的尝试。然而国民党所倡导的政党政治在民国首届国会上受到重创。

孙中山开始萌生建立一个“专制政党”的想法。1913 年，二次革命失败之后，孙中山逃亡日本，他认为党内不统一是失败的主要原因，于是开始了对国民党的改组。由于内部的纷争，黄兴、张继、李烈钧等人仍然坚持原来的政党道路，改组延后了一年之久。直到 1914 年才完成了改组，成立了一个更紧密的组织，名曰“中华革命党”。正如名字所揭示的，这个党不是前文所讲的专注于选举的议会选举型政党，而是强调“革命”精神的政党。它远袭同盟会时代的革命精神，美国威斯康辛大学政治系弗雷德曼教授称之为“退向革命”。[①]《中华革命党总章》声明：“一切军国庶政，悉归中华革命党党员负完全责任”。

由于 1912 年 11 月国民党被袁世凯视为非法政党，加之中华革命党的运作很大程度上模拟了原有的中国民间秘密社团，比如宣誓效忠领袖个人、按指印，所以国民党重又回到“秘密社团”的老路。[②]之后开始了唐德刚所谓的国民党成立以后的“第一次清

---

① 参见 Friedman. *Backward Toward Revolution: The Chinese Revolutionary Party*[M]. Berkeley: University of California Press, 1974。

② 关于“秘密社团”的说法，参见 Yu, George T. *Party Politics in Republican China: Kuomingtang, 1912-1924*[M]. Berkeley: University of California, 1966:120-122。

党”，[①]即清除官僚、假分子，防止腐化力量。在这次改组中，孙中山还明确了党在立国和立宪中的角色，即引导民众走向民主，他把同盟会时期的建国三程序再度加入章程，并增加了党的训政的条款。然而这次改组并没有结束国民党内部的派系分裂。

1920 年 11 月 9 日，新党章重新声明实行三民主义和五权宪法，党员需宣誓永遵党义，在组织上建立了宣传部，总理有绝对权力。但是受到客观条件制约，主要是军事力量，当时的中华革命党的扩张受到了很大限制，1920-1922 年的新国民党还是孙中山个人权力及其追随者的机关和团体。[②]

1923 年 8 月，鲍罗廷抵达广州，帮助孙中山按照俄国模式改组国民党，并准备筹建党军。

1924 年的改组完成了国民党向一体化政党的转变，王奇生认为：“1924 年的广州改组，比 1927 年的南京开府，更具有界标意义。”[③]李剑农认为，改组的具体过程起自 1919 年，完成于 1924 年，分三个阶段：1919 年由中华革命党改名为中国国民党，确定党的名称，是第一阶段；1923 年预备“容共联俄”，是第二阶段；1924 年实行“容共联俄”，完成改组，是第三阶段。[④]王奇生认为，1923 年 1 月的“改进”与 1924 年的“改组”是两次内容迥异的党务革新，1923 年“改

---

① 参见唐德刚：《袁氏当国》，广西师范大学出版社，2004 年。

② Yu, George T. *Party Politics in Republican China: Kuomingtang, 1912-1924*[M]. Berkeley: University of California, 1966:160。

③ 王奇生：《革命与反革命》，社会科学文献出版社，2010 年，198 页。

④ 李剑农：《中国近百年政治史》，复旦大学出版社，2002 年。

进”所订党章其文本格式与1919、1920年所颁国民党规约、总章属同一“模板”，而1924年1月“改组”时所订党章则是以俄共为蓝本。[①]有学者认为，1924年国民党改组之后，才真正成为一个革命党。[②]

政社一体化政党首先要实现政党内部的一体化，也就是要加强纪律和组织化程度，然后再实现对于政治和社会领域的改造。一体化政党的形成具体包括以下几个方面：

其一，完善组织。

1924年改组之前，孙中山比较强调他个人的作用，但是1924年的改组，使他开始重视国民党自身的组织建设。1924年改组国民党，主要措施之一便是建立笼罩每一个党员的基层组织。孙中山在“一大”后给全体国民党员的一篇训词中，对基层组织的作用阐述得十分真切：“此次新章所订之组织方法，其意义即在从下层构造而上，使一党之功用，自横而言，党员时时得有团结之机会，人人得以分担责任而奋斗；自纵而言，各级机关，完全建筑于全体党员之上，而不似往时空洞无物，全体党员亦得依各级机关之指挥而集中势力，不似往时之一盘散沙。”[③]1926年10月的统计资料显示，国民党在全国约90%的省区和25%的县份分别建立了省级和县级党组织。[④]

与建设基层党组织相对应的是，党的中央机构的完善。1924年1

---

① 王奇生：《党员、党权与党争》，上海书店出版社，2009年，2-3页。

② Yu, George T. *Party Politics in Republican China: Kuomingtang, 1912-1924*[M]. Berkeley: University of California, 1966:175

③ 孙中山：“致全党同志书”，载《孙中山全集》（第9卷）中华书局，1985-1986年，540页。

④ 转引自王奇生：《党员、党权与党争》，上海书店出版社，2009年，39页。

月，中国国民党一大以俄共党章为蓝本，制定新的党章，规定，党的最高机关为党的全国代表大会，全国代表大会闭会期间为中央执行委员会（简称中执会）。以后国民党党章虽历有修改，但此一规定基本未变。

其二，加强纪律。

经过改组后的中华革命党，规定了严格的入党程序，党员触犯规章，介绍人亦要受到惩罚。国民党的组织原则开始采用民主集权制。在国民党“一大”通过的“纪律问题”案中，明文规定以“民主主义的集权制度”为其组织原则。①

面对民国初年政党忠诚的困境，加强政党的组织性和纪律性是必要的。但是政党纪律应以不侵犯党员的基本权利为前提。结社自由也意味着社团自治，但是社团自治并不意味着社团可以超越于宪法和法律之上，成为一个法外组织。结社是个人的一项基本权利，结社和不结社都应取决于个人自愿的意思表示。如果把社团也视为一个拟人化的组织的话，那么社团与其成员之间具有一种契约关系，如果彼此不满，可以解除契约，而不可以侵犯对方的自由。而当时政党纪律的一些规定显然有侵犯党员个人权利的嫌疑。

其三，强调领袖作用。

国民党自兴中会一直到1924年改组以前，就一直采用党首制，党首始终由孙中山担任。在组建中华革命党之时，孙中山便要求党员

① 中国第二历史档案馆编：《中国国民党第一、第二次全国代表大会会议史料（上）》，江苏古籍出版社，1986年，123页。

要对他本人效忠，并要在书面誓词上按下手印。孙中山严格控制了党总部及各支部，并且享有各级组织的人事任免权。

在之后的改组中，孙中山进一步在党章中确认了总理（即他本人）的绝对权力。尽管孙中山在1920年的修正章程中策略性地放弃了对其个人效忠的宣誓，但之后在上海党部发表的一连串演说中，他还是强调对他个人效忠的重要性。①

1924年改组之时，鲍罗廷建议国民党仿照俄共体制实行委员会制，得到孙中山首肯。孙中山之所以同意将党首制改为委员会制，一个重要的考量，是担心自己逝世以后党内没人能立刻完全承继他的职位。但当新党章草案付诸审查时，审查委员会鉴于孙中山在党内的当然地位，乃在党章中增列"总理"一章，规定总理为全国代表大会主席和中央执行委员会主席，并对全国代表大会的议决有交复议之权，对中执会之决议，有最后决定之权。"这意味着'总理'位居全党'最高机关'之上。"②这一规定虽然具有偶然性，但后来的历史却体现出了其必然。在当时非常政治的情况下，对于领袖和人治的渴望是自然的情感，为了便于权力统一，领袖也具有揽权的倾向。在孙中山去世后，党魁的作用依然具有突出性，甚至于党魁与国家元首合一。

其四，党政合一。

国民党中央政治委员会（简称"中政会"）于1924年7月建立，孙中山自任主席，指派胡汉民、汪精卫、廖仲恺、谭平山（不

① 孙中山："在上海中国国民党本部的演说"，载《孙中山全集（第五卷）》，中华书局，1985-1986年，262页。

② 王奇生：《革命与反革命》，社会科学文献出版社，2010年，198-199页。

久辞职，改为瞿秋白)、戴季陶、邵元冲、伍朝枢为委员，鲍罗廷为高等顾问。对于中政会成立的缘起，1926 年 1 月汪精卫在国民党二大上解释说，中政会作为政治指导机关，“辅助总理计划政治的方针”。[①]1928 年 10 月 25 日，国民党中常会通过《中央政治会议暂行条例》，规定“政治会议为全国实行训政之最高指导机关，对于中央执行委员会负其全责”。对其职权，该条例共列举 5 项：(1) 建国大纲；(2) 立法原则；(3) 施政方针；(4) 军事大计；(5) 国民政府委员、五院正副院长及委员、各部部长、各委员会委员长、各省政府委员、主席及厅长、各特别市市长、驻外大使、特使、公使及特任特派官吏人选。

中政会不仅处理政治及外交问题，也可以处理党务。“初期 12 次中政会所讨论和议决的议案，内容涉及内政外交、财政金融、党务宣传、地方自治、军事训练、国共关系、人事任免等各个方面，其决策范围几乎无所不包。”[②] 该会第 10 次会议决议案称：“本会为唯一讨论政治之机关，至于实行，则一方面由于政府，一方面由于中央执行委员会。”实际上是说，中政会是政治决策机关，而政府和中央执行委员会则是其政策执行机关。

通过中政会，国民党实际上对于中国的最高权力机关进行了重构，建立起一个党的领袖领导下的委员会制，实行党政合一的体制。中政会一直延续到 1940 年，其间名称、组织、人事与职能迭有更

---

① 中国第二历史档案馆编：《中国国民党第一、第二次全国代表大会会议史料》，江苏古籍出版社，1986 年，194 页。

② 王奇生：《革命与反革命》，社会科学文献出版社，2010 年，202 页。

易，但是这种以党统政的基本模式却没有改变。其基本特点就在于，强调党外无党，并不是说没有其他政党存在，而是其他政党不能执政。当然，孙中山也曾表示过，这属于训政时期的特殊情况，目标依然是宪政。

其五，筹建党军。

之前虽然一直从事革命事业，但是国民党从来不曾有过真正的军队。许多人认为，之所以革命屡遭失败，重要的原因之一便是没有自己的军队，只能任由军阀掌权。国民党 1924 年改组后第一年内最重要的措施，就是创立了黄埔军官学校，培养自己的军事力量。1924 年 5 月，黄埔军校开学，蒋介石为校长。6 月 16 日，孙中山到校演讲说："至于说到民国的基础，一点都没有。这个原因，简单说，就是由于我们革命，只有革命党的奋斗，没有革命军的奋斗。所以一般官僚军阀便把持民国……"[①] 黄埔军校在招录学生时亦看重学生的党性，必定要对中国国民党的主义精神有相当的了解才能被收录。黄埔军校的培养机制也是思想政治教育和军事教育并重。校中设党代表，按部组织党部党团，党代表权力与校长并行。"这种组织，后来扩充到军队中的各级。"[②] 第一届中央执行委员会第三次全体会议，对于党军校及党军队之训令中，有下列两则：甲、在军校及军队中，所有一切命令，均由党代表副署，由校长或由该管长官执行，军中党的决议，其执行亦须遵此秩序；乙、所有一切军校及军队中之法令规则，经党代

① 《孙中山全集（第十卷）》，中华书局，1985-1986 年，219 页。

② 李剑农：《中国近百年政治史》，复旦大学出版社，2002 年，570 页。

表副署者完全有效（反之不副署者则无效）。

现代国家一般通过代议政治使军队国家化，[①]而正如前文所述，代议政治在中国是不成功的。于是国民党选择了军队党化之路，实际上也就是意识形态化，通过意识形态控制保证军队的统一性、战斗力、执行力，避免军队私人化的倾向。通过这一途径，国民党建立起了一个相对统一的军事系统，结束了之前军阀纷争的局面。但是作为军阀割据时期的遗产，地方化的军队依然存在，这不是单纯靠组建党军就可以解决的，虽然他们统一在了国民党政府之下，但是军队之间的摩擦依然不可避免，这也成了国民党日后溃败的一个内部原因。同时，在战争年代，军队领袖的作用比较重要，因而不可避免地形成军官对于军队的影响力，从而在实际上取代党代表的作用，这些都为国民党的军队埋下了隐患。

其六，意识形态控制。

这个改组过程还包括加强宣传和意识形态控制。政党宣传在民国初年便已出现，但是形成一种强大的意识形态宣传则是与国民党的改组同步的。孙中山明确提出了“用本党的主义治国”[②]。

建立一体化政党的结果是把原先的“精英党”改造成“群众党”。根据张玉法对于改组前100位国民党本部、交通部、支分部重要职员

① 军队国家化是相对于军队地方化和军队私人化而言，军队国家化与军队党化并不矛盾，在中国特殊的历史环境下，恰恰是通过军队党化实现了军队的统一，不过在完成建国任务之后，执政党也面临着日常政治化问题。

② 孙中山：“在广州中国国民党恳亲大会的演说”，载《孙中山全集（第八卷）》，中华书局，1985年，282页。

及著名党员的统计：就教育背景论，除不详者 11 人外，纯受传统教育者 15 人，受新式教育者 74 人，受留学教育者 60 人；就职业论，议员 39 人，官僚 30 人，新闻界 8 人，军人 3 人，政客 2 人，教育、商界各 1 人，不详 16 人。① 此时的国民党属于一个精英党。

在改组的过程中，国民党开始向群众靠拢。国民党"一大"宣言正式宣布："国民革命之运动，必恃全国农夫、工人之参加，然后可以决胜。""一大"后，国民党对民众运动予以了前所未有的重视。中央党部先后设立了农民部、工人部、青年部、妇女部和商人部，作为领导民众运动的机构。之后，国民党不仅人数大为增加，而且社会构成更加丰富，且更加接近底层民众。根据 1927 年 1 月吴倚沧所做的国民党现状报告，其时国民党党员人数大约在 100 万以上，大中学生最多，占 26%，其次为军人，占 23%，自由职业者占 12%，工人占 11%，农民占 9%，商人占 3%，其他占 16%。②

专注于选举的政党一般是"精英党"，是少数政治精英从事政治活动的平台，他们虽然代表不同利益群体，但并不需要该利益群体的全体成员出场。而群众党，则把党与群众更紧密地联系在一起，靠扩大党员范围来扩大党的影响，实际上是把民众和社会领域都纳入政党这个政治组织中来，使社会领域政治化，在宪制后发国家，这种模式比较常见。把"精英党"改造成"群众党"实际上就是把议会选举

① 张玉法：《民国初年的政党》，岳麓书社，2004 年，187-197 页。

② 《广州民国日报》，1927 年 1 月 15 日。

型政党改造成一体化政党。群众党解决了当时政党的社会结构单一问题，但是把各阶层容纳到一个政党之下，则使政党丧失了利益代表性，当这样的一体化政党成为执政党之后，一个突出的问题就是其不代表任何特定阶层的利益，由于政党与国家政权相结合，其发展的结果将是党的统治不再代表群众利益，而只代表少数政党上层人物的利益。

虽然议会选举型政党也需要获得民众的支持，但是党员仅限于少部分有志于从事政治事业的人，他们的活动范围也主要限于政治领域，政府权力与社会领域之间有一道界限。而群众党则是把党扩大到更大的范围，任何民众无论从事何种职业都可被纳入党员的范围，党的活动领域也不仅限于政治，而是涉及社会生活的方方面面。

依靠这种一体化政党，民国初年一定程度上结束了军阀混战的局面，但同时也带来了新的政治问题。一体化政党由于缺乏法治化、民主化的制约机制，其发展的结果必然是排斥其他政党，“群众党”反而会日渐脱离民众。随着国民政府的建立、国民党在形式上统一中国，国民党成为了执政党，这时“党票”意味着一种政治资源，这就不可避免入党的功利性目的，入党动机不纯必然削弱党的意识形态影响。20 世纪 30 年代初期国内新闻媒体对于国民党人的形象有大量负面报道即是一明证。[①] 此时国民党开始向着更为极端的方向发展，体现为：一是“清党”，也就是清除其他可能构成执政威胁的党派；二是日益脱离民众，成为“官僚党”。

---

① 参见王奇生：《党员、党权与党争》，上海书店出版社，2009 年，268 页。

与唐德刚所谓的“第一次清党”是清除党内异质分子不同，这次清党主要是指清除共产党，是党-国体制、党外无党观念发展的必然结果。由于共产党的身份较为隐秘，因而这次清党不可避免地会伤及左翼国民党员和普通民众。这次清党所采取的主要手段不是政治手段，而是军事手段，通过军警进行武装屠杀，更是造成了滥杀无辜。“在这场清洗运动中，被捕被杀的非共产党员人数远远超过中共党员人数。”①

另一方面，国民党开始疏离民众。1928年2月，国民党二届四中全会撤销了农民、工人、商人、青年、妇女五部。其后，1928年8月召开的二届五中全会和1929年3月召开的“三大”进一步从制度层面改变和调整了国民革命时期国民党民众运动的组织和指导方针，从而完成了时人称之为“国民党不要民众”的立法过程。主要表现在两个方面：一是抑制、防范和禁止民众运动；二是整顿、改组和控制民众团体。②这种转变反映了一体化政党发展所面临的困境，既要党的规模足够大，又要党的权力掌握在上层少数人手中。

五、对民初政党现象的解读

政党并不是在所有国家的现代转型中都发挥了重要作用，而政党显然在中国近代政治中发挥了关键作用。对于中国独特的政党形态的形成及其发挥作用的解读显得尤为重要。

① 王奇生“《党员、党权与党争》，上海书店出版社，2009年，96页。

② 王奇生”《党员、党权与党争》，上海书店出版社，2009年，104页。

1. 民初政党的公共性与限权作用

在现代国家，政党作为一个政治组织取代家族、王室等成为国家机构主要的运行主体。政党是连接社会与国家的桥梁。社会上的利益群体通过政党进入国家的政治机构，公众也通过政党来参与政治、进行选举。从这个意义上讲，政党可以成为社会冲突的缓冲器。现代政党的主要特征在于其公共性，也就是说现代政党是公共领域发展的产物，不同于传统的私性的宗派。

在西方传统观念中，“党”也曾具有贬义，直至“政党（party)”取代“宗派（faction)”。这是由博林布鲁克 1732 年的著作所引发的。在博林布鲁克和休谟那里，政党都具有可憎的特性。但是休谟已经意识到，源自原则、特别是抽象思辨的原则的政党只是现代才有的。[①]而柏克则是为政党的必要性声辩，他认为“人们结为政党，是为了依据他们共同认可的某一原则，同心协力，以推进国家的利益”。[②]党派对宗派的超越是因为它们建立的基础不仅仅是利益和情感的，还有共同的原则。政党是某一特定群体依据共同认可的原则，为了推进公共利益而行动的组织。政党把追求公职看作第一需要，不是为了谋求薪俸，而是要占据“强大的政府堡垒”，去实现他们的有利计划。可见，政党不是什么邪恶的东西，而是一个使政府、议会和全体选民之间的关系达到充分协调的中介性工具。柏克从历史以及政治的经验出发，把政党与派系或贬义的乱党、朋党做了明确区分，也较为系统地

① 参见萨托利：《政党与政党体制》，王明进译，商务印书馆，2006 年，21 页。

② 柏克：《美洲三书》，缪哲译，商务印书馆，2003 年。

从正面肯定了政党何以有益和必要的原因。柏克试图强调政党的作用来限制王权，他的思想为政党责任内阁的形成提供了基础。现代宪制国家一般都依靠政党来进行运作，正如托克维尔所总结的，“政党是自由政府生来就有的恶”。[①] 现代政党区别于宗派的地方就在于其公共性。

1895 年以后，中国迅速出现了大量以绅士为主体的商会、学会和各类不是基于亲族关系的社会团体。社会作为家庭之外的公共领域开始萌发。就政治结社而言，其出现具有一定的自发性，是国家权力衰落、社会力量发展的产物，而政治结社的发展也促进了中国社会领域的发展。

在政党出现的早期，其传递民意的作用并不明显，而主要是作为一个独立于当政者之外的公共机构起到限权的作用。所谓分权，不仅仅是行政、立法、监督这些事务性的分权，更重要的是存在多元的政治力量。政党作为独立于政府系统的政治力量起到了实质上的分权作用。政党之间的竞争与牵制使得选举获胜的政党也不能为所欲为，虽然政府各部门的重要职位一般由选举获胜的政党占据，但是政党组织与政府部门的分立保证了彼此之间的制衡，民主政治使得所有政府和政党成员最终都要为选民负责。这些在民初政治中，都多少有所体现，尤其是在民国首届国会的选举中，政党发挥了重要作用，中国也出现了政党政治的雏形。有学者对于民国初期的党争给予了高度评价：“党的组建和竞争是一个以自由主义的热情和社会日趋解放的趋

---

① 托克维尔：《论美国的民主》，第一卷第二章。

势为特征的时代的组成部分。”①

在传统政治下，君主一般都忌惮臣下“结党”，在皇权膨胀的明朝，对于大臣们私下里的饮酒聚餐，皇帝也会予以监督。这还是私人性质的派别，在转型期，对于现代的有组织的公共性的政党，统治者就更为忌惮了。政党作为官僚系统之外的一个组织在中国近代的出现代表了多元的政治力量，无论是否支持统治者，都一定程度上可以起到制约统治者的作用。袁世凯本身并无政党背景，后来被迫组党和拉拢一些政党成员是出于对抗国民党的权术需要，宋教仁的被暗杀以及后来解散国民党等事件都说明了，统治者对于政党的忌惮。当议员不是以党员身份，而是以个人身份出现时，对其进行控制和操纵就更加容易了。

2. 同质性组织与民初政党的宗派性特征

作为政府系统之外的政治组织，民初政党一定程度上起到了限权的作用。但是作为转型期政党，民初政党依旧体现出了传统的宗派性特征。民初政党很大程度上仍是传统文人结社传统和帮派政治传统的延续。

第一，关于文人结社。

中国文人的结社，古已有之，在近三百年时间内，至今名目可考的文人社团就有几百个。这些社团不仅影响到当时的文风学风，而且与明季地方政治也不无关系。文人结社一般是非政治性的，但是在明

① 费正清等编：《剑桥中华民国史（上卷）》，杨品泉等译，中国社会科学出版社，1994 年。

代也出现了几个著名的政治结社。文人政治结社的特征主要是易陷于意气之争。明末东林党与内阁相争，便是意气之争，“内阁所是，外论必以为非；内阁所非，外论必以为是”。[①] 民初政党，亦常为“意气所激，往往举天下万事，而悉纳之于党争范围之中”。[②]“民初的党争，以地域之争、政策之争和意气之争为主。”[③]

民国初年，虽然中国移植了西方的政党理论，但当时的众多政党很大程度上仍是传统的文人结社，而非利益集团型政党。

第二，关于帮派政治。

“文人”作为中国传统社会的中坚力量，一般而言也并非反政府或非政府的力量。与文人结社相对，中国传统社会存在着一支与政府相对的民间社团力量，也可以称为“江湖社会”。在清朝年间，在“反清复明”的观念之下，出现了许多秘密社团，这些社团是反政府的，因而注定是秘密的。这些社团具有很强的政治意图，往往诉诸暴力手段，很难成为良好的社会领域的组成部分。这是“江湖的政治化”。清末民初的政治结社与这类秘密社团有着一定联系。

另一方面，还存在着“政治的江湖化”倾向。民间社团与官僚之间进行权力和利益交换，互相利用。官僚与官僚之间为了权力斗争也往往诉诸“江湖”的手段，而非通过正常的政治程序来解决。

这些中国传统政治中的阴暗面在民初的政党政治中都有所体现。比如著名的以“暗杀”为主要手段的光复会，其替天行道的理念值

---

① 黄宗羲：《明儒学案》。

② “政党与选举”，载《民国报》，1913 年 1 月 7 日。

③ 张玉法主编：《中国现代史论集：民初政局》，联经出版事业公司，1980 年，15 页。

得尊重，然而诉诸暗杀政治并非正常的政治手段，也不可能带来政治文明。类似的，采取非常手段以实现自身宗旨的政治社团还有很多。党派之间围绕议会和选举的斗争也多采取“江湖”手段或者利用“江湖”力量，贿赂、暗杀、诋毁，等等，不择手段。而不是像现代政党政治那样，主要采取竞选演说、从事公共事业等手段。这样的政党政治依然没有跳出传统的帮派政治窠臼，甚至称不上真正的“政党政治”。

当然，即使在今天政党政治比较发达的国家，政党在运作过程中，也不可避免存在着一些派系斗争、争权夺利的现象。从政党的发生上看，能够一起结社的人应该是存在某种关系纽带的人，而不可能是完全的陌生人组织。但是政党具有不同于传统政治中的党派的一些鲜明特点。首先是其公共性，政党的党纲和宗旨应是为了某种公共目的，而不是满足私人的权力欲望。其次是政党的非个人化，政党是一个公共组织，而非私人的小团体。再次，正是由于以上特征，政党可以成为现代政府之外的一支有效的政治力量。民国初期的政党对于制约政府权力起到了一定的作用，但是在公共性和非个人化方面还未能摆脱传统政治的色彩，正因如此，民国初期政党对政治的制约也常体现为人事利益之争。李剑农归纳了民国初期政党的几种特色，为欧美各国政党所罕见。一是党员的跨党。二是党议不过是空洞的招牌。三是，一切党都没有民众作基础。[①]中国近代的政党并非根据利益集团或纲领而划分的，而是为了政治斗争的需要，是为了争取政治利益。

① 李剑农：《中国近百年政治史》，复旦大学出版社，2002 年，325-329 页。

因而，民国初年，中国的政党政治依然是传统政治的延续，只是借用了政党的外壳。这些所谓的“党”实际上仍是“派”，而且彼此之间为了争夺权力可以不择手段，也无政治忠诚可言，各党的组织很松散，没有永久的联盟，也没有永久的朋友，只有永久的利益。

民国初年也曾尝到过一党政治的甜头。在南京临时政府时期，同盟会是组织南京临时政府及临时参议院的独一无二的大政党。[①]“同盟会人都会感觉到，由一个政党组织一个政府有其方便处。”[②]如果按照这种趋势发展，待到基本政制确立、政治稳定之后，再分成不同的派系，渐成政党政治，未尝不是好事。但是在当时的政治环境下，同盟会很难一直一党独大，党派斗争不可避免。实际上，在民国首届国会选举之时，进步党以及其他一些党派的形成便与袁世凯一系争权密不可分。我们表面上模拟的是西方的政党政治，实际上却是传统的派系政治。

从社会因素的角度来看，民初政党的宗派性特征与其同质化倾向密不可分，而这种同质化倾向也导致了党派利益的极化。党派利益极化是中国民初议会选举型政党的一大特色，也表明了中国转型时期政党的特点，这使得当时的议会选举型政党无法通过代议政治来解决问题，最终走向了武力对抗。之后，则走向了一体化政党的道路。

3. 政社一体化与现代政治转型

民国初期，出现了政党政治的雏形，但是并没有最终形成政党政

---

① 高一涵：“二十年来的中国政党”，载《东方杂志》，1924 年。

② 张玉法主编：《中国现代史论集：民初政局》，联经出版事业公司，1980 年，135 页。

治，而是走向了党 - 国体制。可以说这样的一体化政党完成了现代政党公共性和非个人化方面的建构，成为一支有效的、可以完成建国任务的政党。但是，这样的政党又面临着新的问题。结社自由是一种权利，而当一个社团成立之后，它本身又具有了权力属性，尤其是政治性社团，许多与国家权力不可分割。这里一个应有的基本原则是，社团的权力不应超越宪法，社团应在宪法范围内活动，否则就是有人或组织处于法律规制的范围之外。政党的产生是社会力量发展的结果，但是由于政党的主要目标便是国家政权，当政党与国家政权紧密结合，形成党 - 国体制时，政党本身便成了国家力量的代表，政党作为独立的政治力量可能起到的制约政治权力的作用将失去意义。当一个政党具有超越于其他政治社团的国家力量时，正常的政党政治便宣告终结了，取而代之的是一种一体化的党 - 国体制，或者说政党的国家化。在国民党成为全国正式的执政党之后，这种一体化体制进一步加强。这种体制反过来将挤压社会空间，使政党结社自由名存实亡。在完成现代立国和立宪任务之后，必然要面临政党的去国家化或者国家的去政党化问题。抗战胜利后，围绕重新建国的各方争论之核心便涉及此问题。然而，国民党并不愿意自动交出权力，导致和平立宪之不可能。

政社一体化政党实际上是把社会领域政治化，从而实现一体化治理的目的。现代的政党政治多以议会选举型政党为主要运作形式，一体化政党虽然也是伴随现代化而来的产物，但属于现代社会的一种变异产物，一般产生于非常政治时期，要实现一种常规化的现代政治，必须使得社会领域去政治化，一体化政党能够去全能化，退回到政治领域，专注于议会政治。

第三章　社会转型与现代官僚制的创建

在中国历史上，确立了科举取士制度，科举制度不仅影响了古代中国的教育制度、官员人事制度，也影响了古代中国的社会结构。随着科举制的废除，以及绅士阶层的现代转型，绅士与官僚系统之间的关系也发生了转变，绅士面临着身份上的转型。在以前，通过科举的绅士便可以进入官僚系统，而在新式教育下，毕业生却不一定进入官僚系统，教育与任官之间的直接联系被割断了。此时便发生了官僚系统的重新建构，民国初期最主要的变革之一便是尝试建立一个专业化的现代官僚制。

现代官僚制是理性化的产物，德国社会学家韦伯较早阐释和分析了官僚制。他认为，任何组织都是以某种权力为基础的，合理合法的权力是官僚制的基础；它为管理活动、管理人员和领导者行使权力提供了正式的规则。[①]中国古代由于实行了科举取士制度，使得中国传统的官僚制度看上去科学而合理。然而随着科举制的废除，这种官僚制面临着现代转型。本书主要关注转型中的官僚体制。与立法机构的党派政治不同，现代行政的逻辑是政务官与事务官的分离，事务官强

---

① ［德］马克斯·韦伯：《经济与社会（上卷）》，商务印书馆，1998 年。

调专业性。本章的分析以所谓的“事务官”为主，由于中央内阁成员往往具有党派性的特征，因而放到政党一章进行研究。本章主要关注于现代转型背景下官僚制的重构，关于公务员内部管理的问题，比如奖惩、薪酬、升迁等，不是本书关注的重点。

一、现代官僚制的初建

民国现代官僚制的建立是以清末废除科举为背景。科举不仅是一套教育制度，更是一套选官制度，在科举废除之后，急需建立新的官僚任用系统来解决国家的日常行政需求。在科举制下，虽然通过考试保障了形式上的任官机会公平，但是却附加了儒家意识形态的前提，只有接受儒家意识形态的人，经过科举取士，才能进入官僚系统。民初建立的现代官僚制根据行政系统的特点，强调任官的专业化，政务官与事务官的分离，使得担任公职更具有开放性。

1905 年 9 月 2 日，清廷颁发了停罢科举诏，结束了中国的科举取士传统。科举制的废除所带来的重要影响之一是“士”阶层身份的转型。“士”是我国传统社会的中坚力量，也是官僚的主要来源。实际上，在科举制正式废除之前，便有大量接受新式教育的人进入了官僚系统。为了保持制度的连续性，1903 年，清廷颁布了张之洞拟定的《鼓励游学毕业生章程》等文件，将中西混杂的近代教育制度中的学生、留学生与科举制下的功名一一作出对应。如，在外国读到博士学位的可得到翰林阶，大学学士与翰林相当，大专文凭相当于进士，高中毕业相当于举人，普通中学毕业相当于拔贡……民国成立后，大量专业化的清政府行政官员依然保留在政府中，成为行政系统稳定性和专业化的基础。

在科举废除之后，清政府就进行了官制改革。这次改革包括三方面内容：一是，区分了行政和司法官制。在传统中国，虽然在中央层面，司法与行政事务分属不同部门，但是在地方层面，司法与行政是不分的。这次区分行政和司法部门虽然不同于现代的分权，司法依然隶属于行政，但毕竟出现了对于二者职责的明晰，为后来司法系统的独立起到了铺垫作用。二是，改革传统的六部制，按照现代国家职能设定部门名称。三是，厘定部门编制。这次改革是我国最初建立现代官僚制的尝试。

民国成立后，建立现代官僚制的努力主要包括设立管理机构、区分政务官和事务官、创设新的考试系统等。

南京临时政府成立后，即设立了专门的文官管理机构——铨叙局，隶属于总统府秘书处，负责文官的考录、任免、升迁等事务。在短短几个月的时间里，法制局先后拟定了《任官状纸程式》、《任官令》、《文官考试令》、《文官考试委员官职令》、《外交官及领事官考试令》、《外交官及领事官考试委员官职令》、《官职试验章程》等法规草案，并交参议院议决。由于南京临时政府存在时间太短，上述法令均未能完成立法程序，但已构建了现代文官制度的基本框架，如文官考录的考试机构、考试种类、报考条件、考试程序、考试科目、考场纪律等；把政府官员分为政务官和事务官；还把文官分为简任、荐任、委任、判任等若干等级，并规定了各类文官任用的资格条件，等等。

1912 年 4 月北洋政府成立之后，进一步完善法规体系，相继制定和颁布了《文官任免执行令》、《文官考试法草案》、《典试委员会编制法草案》、《文官保障法草案》、《文官惩戒法草案》、《文官甄别法草案》等一系列人事法规。"从 1912 年到 1928 年，历届北洋政府先后制定颁布了有关文官制度的法令、法规近三百件，涉及文官的考选、分类、任用、等级、调任、考核、回避、培训、薪酬与福利、纪律与奖惩、监督与管理等各个方面的内容，在文本上体现了公开考试、分类管理、两官分途、职务常任、法律保障等基本精神，形成了比较严密的现代文官制度的法律体系。"① 北洋政府时期的文官分特任、简任、荐任、委任四种类型。其中，特任官属于政务官系列，包括国务总理、各部总长、驻外全权大使、平政院院长、大理院院长、各省巡按使等，由大总统特令任用，不需经过考试。而简任、荐任、委任官吏属于事务官，这里所说的有关文官的法律法规只是针对事务官而言。

根据这些法律，对于任官资格除了专业、年龄、职业经历的要求之外，并无特别的身份歧视，体现了担任公职权利的平等性。

科举不讲求专业，而民国初期所建立起来的官员考录制度，强调了专业特征。北洋政府实行了分类考试制度，考试内容进一步专业化。1915 年公布的《文官高等考试令》规定，考试类别分政治、经济、法律、文学、物理、数学、测量、化学、地质、采矿、冶金、机械、造船、船机、土木工、建筑、电工、医学、制药、农学、农艺化

---

① 李俊清：《现代文官制度在中国的创构》，三联书店，2007 年，31-32 页。

学、林学、兽医共23类。

北洋政府于1916年6月举行了第一次文官高等考试。北洋政府的文官考试分为文官高等考试、文官普通考试和特种文官考试。特种文官考试分为司法官考试（与律师考试合二为一）、外交官和领事官考试以及归国留学人员考试。北洋政府还多次举行县知事考试，仅在1914年2月至1915年5月就举行了四次县知事考试。其后，军阀割据，此项考试未再举行。

为了提高文官职业素质和行政能力，北洋政府还设计了文官培训制度，规定凡参加文官高等及普通考试、外交官领事官考试、司法官考试等及格者，需根据专业分发各政府部门工作实习，进行任职培训。学习一至两年后，经考核合格方可任用。

1927年4月，蒋介石南京国民政府成立后，其公务员制度大致沿用北洋政府的文官制度，先后颁行了《公务员任用法》、《考试法》、《特种考试法》、《监试法》、《考试院组织法》、《典试委员会组织法》、《考绩法》、《公务员奖惩条例》、《文官俸给条例》、《官吏恤金条例》、《官吏服务规程》等。1928年10月，蒋介石采取了胡汉民、孙科的建议，在国民政府中实行五院制，即在国民政府委员会之下设置行政、立法、司法、监察、考试五院，其中的考试院为专职的人事机构，负责公务员的考试和铨叙工作，监察院则负有行政监察和人事监察的双重职能。

二、中央官僚队伍的相对稳定性和专业化

民初的官僚系统出现了去意识形态化的特征。由于清末新政的一

些举措，许多接受过新式教育的人进入了官僚系统，在民国成立后，行政系统保持了相当的稳定性。一些未接受过新式教育的清朝官员，由于长期从政，也具有相当丰富的行政经验。至少在中央层面，官僚系统的专业性具有一定的保障。

事务官职务常任是现代官僚制的一个特征，主要是为了保证行政系统的相对稳定性和专业性。1912 年法制局提出了《文官保障法草案理由》，其中第二条明确规定，“凡官不受刑法之宣告、惩戒法之处分、及依据本法，不得免其官”。同年，法制局提出的《中央行政官官等法、官俸法草案理由》说：“为奖励事务官久于其职，故采年功加俸之制。”1916 年，由国务总理段祺瑞提案，国务会议通过了一个职官进退标准，以求文官队伍的稳定，大致为“简任各职之进退，无论何种情形，非经国务会议通过后，不能为任命之发表。荐任各职之进退，非详呈其理由事实，请国务院核准后，不得率行呈请任免。委任各职之进退，虽可由各机关长官行之，但亦须分别备案，藉免过滥”。

在北洋时期，虽然政局动荡，但是文官系统保持了相对稳定性。部长一般为内阁成员，具有党派性，次长在这个特殊时期一般也是拥有实权的重要政治人物，所以部长和次长因政权的变动而更换较多，下面的统计主要针对中央各部中层官员，以外交部和内务部为例。①

① 统计表格参考了刘寿林等编：《民国职官年表》，中华书局，1995 年。

表 7 北洋政府时期外交部职官表

年份	参事	外政司长	通商司长	交际司长	庶政司长
1912	陈懋鼎、唐在复、吴尔昌、戴陈霖	陈籙	饶宝书、周传经（11.26 任）	陈恩厚	施绍常、许同范（12.21 署）
1913	陈懋鼎、唐在复、施绍常、吴尔昌、顾维钧、戴陈霖、袁克暄	陈籙	周传经	陈恩厚	许同范、施绍常（1.19 任）
1914	袁克暄、施绍常、顾维钧、陈懋鼎、章祖申	王继会	周传经	陈恩厚	施绍常（当年 7 月撤销此司）
1915	袁克暄、章祖申、夏诒霆、顾维钧、伍朝枢	王继会	周传经	陈恩厚	
1916	袁克暄、章祖申、夏诒霆、伍朝枢	王继会	周传经	陈恩厚	
1917	袁克暄、章祖申、严鹤龄、伍朝枢、刘崇杰	王继会	周传经	陈恩厚	
1918	袁克暄、章祖申、刘崇杰、严鹤龄	王继会	周传经	陈恩厚	
1919	袁克暄、章祖申、刘崇杰、严鹤龄	王继会	周传经	陈恩厚	
1920	袁克暄、岳昭燏、章祖申、唐在章、刘崇杰、刁作谦、严鹤龄、王景岐	王继会、施绍常（9.11 任）	周传经	陈恩厚	

续表

1921	袁克暄、严鹤龄、刁作谦、岳昭燏、唐在章、张煜全、王景岐、曹云祥	施绍常	周传经	陈恩厚	钱泰
1922	岳昭燏、唐在章、张煜全、曹云祥	施绍常	周传经	陈恩厚	钱泰、朱寿朋（4.24 代）
1923	岳昭燏、唐在章、张煜全、曹云祥	施绍常	周传经	陈恩厚	钱泰
1924	唐在章、张煜全、陈恩厚、朱鹤翔	施绍常	周传经	王廷璋	钱泰
1925	唐在章、张煜全、陈恩厚、朱鹤翔	施绍常	周传经	王廷璋	钱泰
1926	唐在章、黄宗法、张煜全、陈恩厚、朱鹤翔	嵇镜	周传经	王廷璋	钱泰
1927	唐在章、张煜全、陈恩厚、黄宗法	嵇镜	周传经	王廷璋（当年 7 月撤销此司）	钱泰
1927	唐在章、王曾思、陈恩厚、黄宗法、朱文黻	朱鹤翔	周传经		钱泰
1928	唐在章、王曾思、陈恩厚、周传经、张煜全	朱鹤翔	周传经		朱文黻

表 8　北洋政府时期内务部职官表

年份	参事	民治司长	职方司长	警正司长	土木司长	礼俗司长	卫生司长
1912	张友栋、孙培、顾鳌、程克	舒鸿贻	吕铸	陈时利	李钟凯	杜爾	伍晟
1913	张友栋、程克、孙培、顾鳌、虞熙正、陈威	舒鸿贻、于宝轩	吕铸	陈时利	李钟凯	杜爾	伍晟
年份	参事	民治司长	职方司长	警正司长	典礼司长	考绩司长	
1914	张友栋、孙培、王瀫炜、顾鳌	于宝轩	吕铸	陈时利	祝书元	许宝蘅	
1915	张友栋、孙培、王瀫炜、顾鳌、许星璧	于宝轩	吕铸	陈时利	祝书元	许宝蘅	
年份	参事	民治司长	职方司长	警正司长	土木司长	典礼司长	考绩司长
1916	张友栋、孙培、许星璧、金鼎勋、王守恂	于宝轩、王扬滨（10.29任）、张殿璽（署）	吕铸	陈时利、王扬滨（署）	张铭勋	祝书元、陈时利（署）	许宝蘅、唐尧钦

续表

1917	孙培、刘馥、吴贯因、汪希	杨熊祥、刘道鑑（8.25任）、殷铮（12.17任）	吕铸	王扬滨	陈时利	欧阳溥存	刘道仁
1918	孙培、刘馥、吴贯因、汪希	殷铮、曾维藩（1.9任）、吕铸	吕铸、殷铮、曾维藩	王扬滨	陈时利	欧阳溥存	刘道仁
1919	孙培、刘馥、吴贯因、汪希	吕铸	曾维藩	王扬滨	陈时利	姚鹏图、聶宝琛（11.18署）	刘道仁
年份	参事	民治司长	职方司长	警正司长	土木司长	礼俗司长	卫生司长
1920	孙培、刘馥、吴贯因、汪希、徐諤、彭祖龄	吕铸	曾维藩	王扬滨	陈时利	聶宝琛、吴含章（6.17任）	刘道仁、汪希（12.24任）
1921	刘馥、吴贯因、徐諤、彭祖龄、孙培	吕铸	曾维藩	王扬滨	陈时利	吴含章	汪希

续表

1922	刘馥、吴贯因、徐謜、林彦京、孙培	吕铸、徐謜（11.4 代）	曾维藩	王扬滨、祥寿（10.18 代）	陈时利、尚秉和（暂代）	吴含章	汪希
1923	刘馥、吴贯因、徐謜、林彦京	徐謜、周嘉琛（4.10 任）（曾维藩兼代）	曾维藩、田潜（4.10 任）	祥寿、曾维藩（4.5 任）	尚秉和、陈时利（4.5 任）	吴含章	汪希
1924	刘馥、吴贯因、徐謜、林彦京	周嘉琛	田潜	曾维藩	陈时利	吴含章	汪希、任焕藜（4.19 任）、吴贯因（12.12 任）
1925	刘馥、周明泰、徐謜、林彦京	周嘉琛	田潜	曾维藩	陈时利	吴含章	吴贯因
1926	刘馥、周明泰、徐謜、林彦京、刘文炳	周嘉琛	田潜、林彦京（4.3 任）	曾维藩	陈时利	吴含章	吴贯因

续表

1927	刘馥、周明泰、徐謜、刘文炳	周嘉琛	林彦京	曾维藩	陈时利	吴含章	吴贯因
1927	刘馥、徐謜、邵仲康、曹经元	周嘉琛	吴含章	曾维藩	陈时利	李升培	林彦京
1928	刘馥、徐謜、邵仲康、曹经元	周嘉琛	吴含章	曾维藩	陈时利	李升培	林彦京

通过这两个表格可以看出，就同一职位而言，除了增加编制、升迁和内部调动职位之外，在不同时间，任职者重复概率相当高，有的职位甚至在北洋政府时期几乎都由一人担任。相比而言，在同一时期，最高领导人和内阁的变动却很频繁。可见官僚系统对比于政权变动的相对稳定性。当然，在非常时期，人才稀缺，这也是政府系统事务性官员相对稳定的一个原因。但这同时也说明了官僚系统强调专业化的特质，不因最高层领导的变动而变动。具体统计可知，外交部中层官员同一人在同一职务连续任职的平均年限为 3.9 年（任职未满一年计为 0.5 年），内务部中层官员同一人在同一职务连续任职的平均年限为 3.1 年（任职未满一年计为 0.5 年），而从 1912 年到 1928 年，一共出现了三十几任内阁，每任内阁的平均在位年限不足一年。可见，政务官与事务官的分离初步形成，技术官僚的变动不受阁员变动

的影响。

然而，观察上面两个表格，可以发现，外交部与内务部的官员变动情况略有不同，内务部的官员变动略多一些。这是由于，外交部的职务更加强调专业性，而内务部属于实权部门，也就是我们通常所说的“肥缺”，争权夺利也就更多，在当时政治体制尚未法制化之前，难免受到各种人治因素的影响。这也大体反映了民国初期官僚系统的特色，越是强调专业化的部门，官制越为科学，越是实权部门且对专业化要求不太高的，人治因素越强一些。

就官员的身份、经历而言，上述表格中，外交部中层官员有据可查的 26 人中，曾任清政府官员者 20 人次，有旧功名者 12 人，接受过国内新式教育者 11 人，有留学经历者 14 人；内务部中层官员有据可查的 27 人中，曾任清政府官员者 19 人次，有旧功名者 16 人，接受过国内新式教育者 4 人，有留学经历者 8 人。[①] 由于外交部更强调专业知识和海外经验，所以受过新式教育和留学教育的人的比例大于内务部，而内务部则更强调熟悉国情和行政经验，因而曾任清政府官员和拥有旧功名的人比较多。

三、地方官员来源的庞杂

“自由社会应该为所有人提供平等的机会，但并不保证所有人能够人尽其才。”[②] 如果有人充当伯乐去人为地干涉选材的过程，很有可

---

① 此处统计为分别查阅每个人的履历得出。

② 参见哈耶克：《自由秩序原理》，邓正来译，三联书店，1997 年。

能会破坏公平、侵犯自由。在现代官僚制下，官员的来源应以考试为主，以其他为补充。考试制度虽不是最为完美的制度，但是相对而言是最公平的制度。随着考试内容和机制的完善，可以最大限度地有利于发现适合于行政职位的专业人才。我国古代便出现了科举取士的制度，虽然科举考试的内容并不符合现代行政对于专业知识的要求，但毕竟体现了对于知识的尊重，现代西方的文官制很大程度上模仿了中国的科举制。但西方文官考试制度的确立主要是为了避免政党政治对于行政稳定性和专业性的影响，使得行政部门的事务官相对独立，也就是“政治的归政治，行政的归行政”。民国时期我国文官考试制度的确立则主要是为了弥补科举废除后官员选任制度的空白，相比于古时的科举制，此时的文官考试更加注重专业性，体现出了现代官僚制的特征。然而，这还主要是形式上的特征，要想理解这套现代文官考试制度的运作如何、对于民国行政系统的影响如何，还需要放在转型的背景下进行考虑。

中国传统以科举为核心的选官制度是与儒家意识形态统治结合在一起的。儒家的意识形态统治不仅是一套治国理念，还是一套伦理规范，金观涛和刘青峰称之为“道德意识形态”。①从科举考试的内容到国家制度，都渗透入了这套意识形态，对于以“士”为主体的官僚阶层具有普通约束力。虽然儒家的道德说教难免导致伪善，但是意识形态具有软约束的作用。官员们至少会在头口上表示忠君爱民、仁义礼智信，等等。而尝试建立的现代专业化官僚制则是意识形态无涉

① 金观涛，刘青峰：《中国现代思想的起源（第一卷）》，法律出版社，2011 年。

的，至少意识形态标准不占主导地位。在现代国家规则至上观念尚未确立、传统以儒家为核心的道德意识形态瓦解的情况下，单独的专业性文官考试制度并不足以保证行政系统的良好运作。西方可以通过文官考试制度实现政治与行政的分离，而在中国，当时政治领域还未能确立现代政治规则，对于现代政治理念还尚缺乏普遍共识，此时技术性的选官制度的命运可想而知。官僚制不仅是一个“治道”问题，也是一个“政道”问题，单纯地强调专业性并不能建立起现代官僚制。具体而言，文官考试制度可能遭遇两种命运：一是，大量官员通过非考试的渠道进入官僚系统，从而弱化考选制度；二是，通过考试进入官僚系统的人不胜任，不胜任可能表现在执政经验方面，也可能表现在官德方面。

在传统社会，也有许多通过非科举途径进入官僚系统的人，但是在强大的儒家意识形态面前，非科举出身的官员往往会受到科举出身官员的歧视，他们也会尽可能地表现得像个儒生。而在儒家意识形态瓦解之后，非考选任官则成为许多人政治投机的捷径。在民国之初，尚未举行全国性文官考试之前，袁世凯为网罗人才，曾饬令各省行政长官保荐人才。结果却导致利禄之徒钻营奔竞，在任官员罗织党羽徇私纳贿。1914 年《申报》载：“自前内阁时代以及现在政事堂成立后，各省官长陆续保荐观察使、道尹人员记名者已盈筐滥筒，若不分别办理殊有人满之患。”1914 年底，因各方保荐官员太多，袁世凯下令停止保荐。

北洋政府在 1916、1919 年举行了两次文官高等考试，在 1917 年和 1920 年举行了两次文官普通考试，四次共录取文官 1479 人。当时中国人口已超过4亿，录取文官的人数与中国当时的行政需求相比，简直是杯水车薪。据统计，国民党文官政府的七十多万公务员中，真正考试合格选入的只占3%。①

增加考试次数也并不能完全解决官僚制转型所面临的问题。仅在1914年2月至1915年5月就举行了四次县知事考试，录取了2805人。然而通过考试的县长实际录用率并不高。“以湖北为例，1928年，湖北考取县长40人，五年后跟踪调查发现，内有3人亡故，15人赋闲，9人离省，5人转就他业，1人因案判刑，1人被交付惩戒，只有6人在任县长。”②究其原因，涉及政治的现代转型问题。在传统政治中，县务相对简单，县长还拥有自己的僚属。而在现代政治中，县级政权承担着越来越多的公共事务，县级权力也进一步分化和专业化，仅仅通过考试并不能选出合适的县一级地方长官。同时，县级部门增多，这些部门的官员或通过考试或通过其他途径而担任职务，不同于传统社会中的僚属，经过考试而担任县长的人对于其他官员的领导力、组织力有限。关于县制的变革，下文还会具体论述。

四、基层官僚系统的重构与乱象

与中央层面官僚的相对稳定性和专业化相比，地方官僚系统的状况相对混乱。前文提到，即使在中央官僚机构中，对专业化要求不太

① 林代昭主编：《中国近现代人事制度》，劳动人事出版社，1989年，225页。

② 王奇生：《革命与反革命》，社会科学文献出版社，2010年，341页。

高的部门其任官的稳定性也较差，在地方这一现象更为突出。随着儒家意识形态的解体，地方官僚队伍渐为有钱有枪者所控制。

1. 县制重构

在现代民主国家，县行政长官一般也由选举产生。而在本书研究的时间段内，县长任用主要通过考试和荐举两途，属于官僚制的序列，而不属于民主的政治程序。随着现代转型，县制也发生了重构，这主要体现在两方面：

首先，行政层级方面。

在中国传统社会，县是基层政府，县以下实行自治。随着建设现代国家的努力，县不再作为基层政府，国家建制进一步向基层延伸。1928年，南京国民政府公布的《县组织法》规定，县以下的组织依次为区-村（里）-闾-邻四级，确认了此前的县制转变情况。从此以后，国家行政权力不断向下延伸。

“区”是民国以来一个重要的行政单位，其所包含的范围根据地方条件从10个乡到50个乡不等。与乡村自然形成不同，“区”的人为建制的因素比较强，是为了适合政府的行政管理和选区划分而设立的，因而并不适合作为地方自治的单位。

其次，县级政府开始依照现代政府职能进行专业化设置。

在中国传统社会，县级政府是基层政府，县级政府的设置也很简单。在清代，知县属下的官员包括：(1) 知县助理官，包括县丞和主簿；(2) 书吏首领官，即典狱官；(3) 杂职官，包括负责巡检、邮政、税收、粮仓、水利等的官员。这些总称为知县的僚属官员，或胥吏。[①] 此外知县还有衙役和一些私人雇佣的随从。

1913 年 1 月 8 日，北洋政府公布了《划一现行各县地方行政官厅组织令》规定，凡有直辖地方的府、直隶厅、直隶州及厅、州等地方一律改称为县，行政长官一律改称县知事，行政机关一律改称县知事公署。县级政府组织从县行政长官的僚属向现代化建制过渡，该法令规定，县知事公署内设 2 ～ 4 科，称第一、第二、第三、第四科，每科科员二人至四人，技士至多不得超过三人。

此时还出现了一些署外行政机关。民国初年，除公款局之外，其他署外机关都称为所或公所，如劝学所、劝业所、警察所等。1923 年以后，渐改所为局，如劝学所改为教育局，劝业所改为实业局。[②] 其中，警察替代了传统的衙役。

1928 年 9 月，国民政府首次公布了《县组织法》，1929 年 6 月，国民政府重订《县组织法》。该两法奠定了国民政府县制的基本内容。[③] 在《县组织法》颁布前，南京国民政府已于 1927 年 6 月 9 日下令各县一律改行县长制。在《县组织法》中，规定县长的资格一为由考试取得，包括县长考试、高等行政人员考试及经其他考试而获得考试院覆核及格者；另一为由学力及经历取得者，包括在教育部认可之大学毕业并有专门著作者、曾任荐任官或最高委任官 3 年以上经甄别考试及格者、曾有勋劳或致力于国民革命 7 年以上而有成绩证明属实

---

① 瞿同祖：《清代地方政府》，法律出版社，2003 年，17-18 页。

② 钱实甫：《北洋政府时期的政治制度》，中华书局，1984 年，310 页。

③ 中国第二历史档案馆：《国民党政府政治制度档案史料选编（下）》，安徽教育出版社，1994 年，524-529 页。

者等。

根据《县组织法》，县的行政机关分为两部分，一部分是在县长直接领导下的职能科，另一部分是由省政府同名的厅控制的专门局，县长不控制局长的任命。

县设有若干局或科。局为县政府的外部行政组织。县设公安、财政、建设、教育4局，必要时可设卫生局与土地局。局的地位是受省主管厅和所在县县长的双重指挥与监督。科是县政府内部行政组织。县设1—2科，设1个科时称总务科或秘书科，设2个科时称第1科、第2科。各科置科长1人，科员2-4人。科的地位是秉承县长意志办理日常行政。

在中国传统社会，知县一般是上面派来的，由于实行任官回避制，知县一般不是当地人。而胥吏则往往出身于当地，代表地方因素，有利于治理，这个群体也较为稳定，常常世代沿袭。在民国初期对于县制的改造中，胥吏开始向现代公务员演变，其地方性和任职的稳定性都有所减弱。

2. 地方行政取代地方自治

中国历史上长期是一个中央集权国家，存在着普遍的基层自治，但却并无正式意义上的地方自治（省自治）。即便如此，在传统社会中，中央政令的畅达依然是一个大问题。上有政策、下有对策，“山高皇帝远”的现象很普遍，这实际上反映的是行政系统的绩效问题，是传统行政的痼疾。在古代中国，解决这个问题主要依靠的是儒家意识形态的作用。现代行政要求政策的执行力，也就是能把国家的政策很好地贯彻到地方，依靠的是一套制度化机制，并辅以民主合法性等手段。这势必与传统的基层治理存在着张力。

在中国传统社会，县级政府极其精简，县以下政府实行乡绅自治。然而，传统社会的基层自治与现代社会的基层自治有着本质上的区别。传统社会的基层自治具有自发性和随意性，乡绅个人因素很重要，如果乡绅乐善好施，那可能当地就比较和谐，如果乡绅为富不仁，那么地方的公共事务可能就比较落后。而现代社会的基层自治是现代官僚制的补充，是在现代国家法治化的背景下进行的。传统社会的自治是以地缘为基础，而现代社会的自治则是以陌生人的环境为主。因而，现代社会的基层自治一般应以民主为基础，强调基层民众的参与意识、自治意识。而传统社会的基层自治则可能是依赖权威，是权威的自治，而不是民众的自治。

1908 年（光绪 34 年）颁布了《城镇乡地方自治章程》，其中第一章列举了“自治范围”，包括：(1) 学务（中小学堂、幼儿院、教育会、劝学所、宣讲所、图书馆、阅报社等）；(2) 卫生（清扫道路、清除污秽、施医药局、医院医学堂、公园、戒烟会等）；(3) 道路工程（道路修理、桥梁建筑、沟渠疏通、建筑公用房屋、街路灯等）；(4) 农工商务（牧畜改良养殖及渔业、工艺厂、工业学堂、劝工厂、改良工艺、商业秩序、市场开设、青苗防护、筹办水利、田地整理等）；(5) 善举（扶贫事业、寡妇扶养、育婴、施衣、放粥、义仓积谷、贫民工艺、救生会、救火会、救荒、义棺义冢、古迹保存等）；(6) 城镇的公共运营（电车、电灯、下水道等）。这个法律是在清末维新的背景下颁布的，可以说是国家第一次立法明确了地方自治的范围，主要是涉及公共事务的自治，把地方自治纳入现代国家建设、法治化的范畴。但这个规定依然是在传统的官僚制框架下制定的，也就是依然延续着传统政府精简的原则，政府不承担大量公共事务，只是作为一个维持基本秩序的机构。

自治章程还规定，自府至乡均设议事会。与此同时，府、厅、州、县还设参事会，城镇设董事会，乡设乡董。根据1909年12月27日颁行的《钦定府厅州县地方自治章程暨选举章程》，府厅州县的议事会掌议决自治事宜，府厅州县长官执行自治事宜。府厅州县除设议事会外，还设参事会。参事会以本级府厅州县长官为会长。参事员则由议员互选产生，名额不得超过议事会议员总数1／5。参事会主要是议决执行议事会议决事件的方法，议决议事会委托代议事件，议决本级府厅州县长官交议事件，审查本级府厅州县长官提交议事会的议案，议决本级府厅州县群体诉讼及其和解事件，公断和解城镇乡自治权限争议事件等。这里，规定了自治的民主程序，可以说具有现代意义。

民国初期沿用了清末的县议事会设置，有的地方还出台了地方单行的自治章程。然而，在民国成立后，随着帝国解体，地方势力抬头，中央对地方的控制力愈发削弱，在许多省份，中央政府都失去了任命官员的实际权力。这显然与理论上的单一制国家之间存在着冲突。重建中央权力的过程也是一个削弱地方自治的过程。继1913年解散国会之后，1914年2月3日，袁世凯下令停办各级地方自治，各省咨议局、县议事会均被解散。实际上，当时在许多地方，县的实权掌握在县知事手中，县议事会只是摆设。不能单方面认为，袁世凯解散县议事会是破坏地方自治。这还需要放在现代转型的背景下来思考，当时是否有真正的地方自治是一个问题。“县议会的历史表明，起初是充满热情，地方名流广泛卷入，但却以县知事操纵的参事会增选议会领导人，从而极大地加强县知事的行政权力而告终。”[①] 解散已名不副实的县议事会，重构县级政府权力，也可视作建设现代国家的努力之一。但是问题还有另一面，有县议事会存在，就有做实的可能，有无与是否有实效是两个层面的问题。建立高效的官僚系统应侧重在事务性行政方面，而在政务性方面现代国家应遵循民主的过程。而袁世凯加强行政系统统一性的工作恰恰是从取消地方各级代议机构入手。从一开始，中国的做法就没有刻意地去区分政治与行政，而是把政治与行政的理念相混淆。袁世凯解散基层的代议机构也体现了他一贯的对于议会制度的厌恶。

迫于压力，1914 年 12 月，袁世凯政府颁布了《地方自治试行条例》，重新设定了地方自治的范围，区成为辅助管治的公共事业团体，实际上等于缩小了原有的可以自治的范围。1916 年，袁世凯去世后，各省的县议会有些一度恢复。

1919 年 9 月 7 日，北洋政府公布了《县自治法》，规定各县均设县议会和县参事会。1921 年 6 月 10 日，公布了《县自治法施行细则》和《县议会议员选举规则》，7 月 3 日陆续公布《市自治制》和《乡自治制》。1921 年 9 月至 12 月之间，徐世昌一再以大总统命令颁定县自治法施行日期和施行区域令，实际上各省多各自为政，对中央明令多

① 费正清等编：《剑桥中华民国史（下卷）》，杨品泉等译，中国社会科学出版社，1994 年。

置之不理。用中央政府的力量去推行自治，在于打破固化的地方政治精英对地方权力的垄断，然而这个行为本身便是一个悖谬，因为地方自治应该是从地方生长出来的。

民国初期对于地方自治的推进，除了对自治理念的尊重之外，还有一些现实因素。这里的地方自治涉及在现代国家转型的过程中的重新思考，也就是对于公共事务的承担问题，现代政府承担公共事务的范围和职责何在。在当时中央政府财政能力和财政汲取能力有限的情况下，把地方公共事务交由地方自治，有着非常现实的考虑。

20 世纪 20 年代，在国民党的出版物中，“地方行政”代替了“自治”。自治人员养成所解散。20 世纪 20 年代的国民革命“以社会革命而告终，其矛头对准的是地方自治运动的社会基础”，[①] 社会革命不是以“社会”为本体，而是通过政治权力来改造社会，其结果是对社会领域的破坏。

通过观察县长之权限、县与上级政府的关系，也可以发现行政权力与地方治理关系之演变。国民政府时期县长的职权较北洋政府时期的县知事为小。如任命权，北洋政府规定县政府科长、科员等行政人员由县知事自行委任，国民政府则规定县政府秘书、科长由县长呈请省民政厅委任，各局局长及公安分局局长由县长呈请省政府核准委任。又如立法权，北洋政府的县知事对于县议事会的决议认为不可行时有权予以撤销，而国民政府的县长对于县参议会的决议无权撤销。

---

① 费约翰：《唤醒中国：国民革命中的政治、文化与阶级》，李恭忠等译，三联书店，2004 年，249 页。

这体现了对于县级行政权力的削弱，建立更为统一的行政系统的努力。

其他规定也体现了这一思路。关于县的内设机构——科——的设立，1928 年《县组织法》规定，设科多寡及科员额数，由省政府定之，并报内政部备案。也就是说，决定权在省手中，而中央政府负有监督权。在转型期，在真正的民主自治未建立起之时，这样的变化带来了一定的负面效果。在中国传统社会，胥吏的地方性一定程度上保证了地方的自治因素和胥吏受同乡之谊的制约。当县级政府的其他公职人员脱离地方性之后，地方治理中的乱象就不可避免了。

3. 土豪劣绅进入官僚系统

从现代转型的视角看，用地方行政取代传统的地方自治是建立现代官僚制的一种努力，意图建立起一套理性化的治理体系，但结果却并不如人意。在传统社会，即使是作为基层政权的县，其行政长官也多具有较高的功名。根据瞿同祖的统计，在 1850 年，在知县中，有正规功名者尚占到 69.5%（进士占 34.7%），纳捐进入仕途者占到 19.4%，其他途径者占 7%，不详占 4.1%。① 此外，具有生员以上功名的人和退休官僚组成了乡绅群体，起到了地方自治的作用。

然而，即使是在强大的儒家意识形态面前，依然有许多通过非正途而入仕者，越到王朝衰退期，这一趋向就越明显。根据何炳棣的统计，在 1871 年，七品至四品的地方官中有 51.2% 是捐的官。②

① 瞿同祖：《清代地方政府》，法律出版社，2003 年，37 页。

② Ho, Ping-ti. *The Ladder of Success in Imperial China, Aspects of Social Mobility, 1368-1911*[M]. New York: Columbia University Press, 1962:48-49.

随着科举制的废除，传统乡绅群体开始瓦解，任官的途径更加复杂，土豪劣绅开始大规模进入了县以下的官僚系统。在科举下，纳捐依然有一定章法可循，并且要在表面上服从儒家意识形态。而科举废除后，这些约束不见了。根据王奇生的统计，20 世纪 30 年代初江西寻乌县 20 位权势人物，其中只有 1 人被认为“很规矩”，2 人不与外事，而被明确指称为“劣绅”、“土霸”和“反对首领”的却有 8 人之多；而民国时期鄂西 7 县 12 位权势人物中，本人均无功名，中学、小学及教会学校毕业者各 1 人，私塾 4 人，略识文字者 2 人，文盲 2 人，不详 1 人，基本上为靠武力或财力发迹者。[①]

与中央各部的政务官相比，县级行政长官的实际任职期限则很短，变动频繁。以义乌为例，在北洋政府时期，共有 18 任县知事或县长。[②] 湖南的情况也如此，在北洋政府时期，岳阳共有 18 任县知事或县长，临湘共有 22 任县知事或县长，平江共有 26 位县知事或县长，华容共有 27 任县知事或县长，湘阴共有 13 任县知事或县长(其中民国第一任县知事李介春在任 6 年，在北洋政府时期属于很少见的)。[③]

造成这种情况的原因主要有二。一是，随着行政层级以及地方行政机关的扩张，自然会出现人员的短缺。在中央层面，尚且能保证人员的专业性，而在地方层面，则在用人上显得捉襟见肘。而且地方行

---

① 王奇生：《革命与反革命》，社会科学文献出版社，2010 年，331-335 页。

② “民国时期的政权机构”，http://www.yw.gov.cn/glb/dfzj/bmz/ywrdz/fl/200710/t20071026_84252.html, 2011 年 11 月 16 日。

③ 参见《岳阳市志(第二册)》。

政的现实需要与新式教育所传授的现代知识之间存在着隔阂。按照中央官僚的专业化标准选出的人不一定适应地方治理，反倒是有钱有权者更容易获得地方权力。二是，科举取士不是简单的考录官员，背后有一套儒家意识形态支撑。在科举废除后，新的官员任命方式在实践中并未能贯彻以考录为主的情况下，自然会导致官僚队伍的庞杂。三是，现代官僚制与民主的政治程序是一体的两面。民主的政治程序保证政务官符合民意，在此前提下，事务官符合行政专业性的需要，保证一定的稳定性和行政事务的现实需要。而民国初期呈现的情况则是，在地方层面，并没有明确的政务官和事务官的二分，行政长官来源混杂，下属官员无法保证专业性和对地方的责任感。

五、意识形态标准的回归

在北洋政府之下，正如前文所述，由于政党政治发育不良，政党对于行政系统的影响有限。行政系统的现代转型是在以专业化为主导的模式下进行的。由于道统的缺乏，这种以专业化为主导的模式在现实中常常遭遇逐利欲望的侵蚀。在科举取士下，大体能够保证官僚队伍形式上的纯洁性，而在科举废除后，官场的竞逐日益无序。如果政党内阁可以成为现实，或许可以在政党的道统之下维持事务官系统的法统运作。但前文已述，议会选举型政党在民国初期的运作中遭遇了挫折，政社一体化政党继之而起，在这种情况下，产生了新型的党政关系，也就是以党统政。

国民党改组后自上而下建立了一套与行政层级相并行的党务组织

系统。中央党部之下依次设立省党部、县党部、区党部和区分部，分别与省、县、区、乡等行政系统相对应。

党与政的具体关系几经变化。1921 年，中国国民党广东支部在广州成立，孙中山任命粤军总司令陈炯明为广东省长兼广东国民党支部长。“当陈炯明委派各县国民党分部长时，分部长大多由县长兼任。此时国民党并未在行政系统之外另立独自的党务组织系统，而是寄附于原有的行政系统之下，党组织也未掌握实际行政权力。”[①]1926 年 1 月 14 日，广州国民政府通告国民党所属各党部不得干涉地方财政和一切行政。通告称：“国民政府基于以党治国之精神而成立，凡政府所举措，皆本于党之主张。最高党部代表本党对于政府施行指导、监督，其余各属党部及各种人民团体对于政治问题，固有自由讨论及建议之权，而对于财政收入及一切行政事项，不容直接干涉；否则破坏行政统一，纪纲不存，国无以立。”[②] 这一通告表明，“国民党最初所设计的党政关系模式，只打算在中央一级实行直接党治，而在地方则保持行政权的统一和独立性，不允许地方党部直接干涉地方行政”。[③] 但这一规定不久即被修正。1926 年 10 月，国民党中央召开各省区联席会议，正式通过《省党部与省政府之关系议决案》，规定省级党政关系视各省情形不同而分为三种办法：(1) 省政府在省党部指导之下；(2) 省政府在中央特别政治委员及省党部指导之下；(3) 省

---

① 王奇生：《革命与反革命》，社会科学文献出版社，2010 年，182 页。

② 中国第二历史档案馆：《国民党政府政治制度档案史料选编》，安徽教育出版社，1994 年，260 页。

③ 王奇生：《党员、党权与党争》，上海书店出版社，2009 年，182 页。

政府与省党部合作。[①]同年11月，国民政府又公布《修正省政府组织法》，第一条规定："省政府于中国国民党中央执行委员会及省执行委员会指导监督之下，受国民政府之命令，管理全省政务。"[②]1928年8月，在国民党二届五中全会上，蒋介石曾提出《拟请规定党部与政府及政府与民众之关系及其职权案》。在这一提案中，蒋介石提出"约法三章"：其中之一便是"党员党部决不能直接干涉或处理行政"。国民党二届五中全会通过了《党部与政府政府与民众之关系及其职权案》，规定各级党部对于同级政府之举措，有认为不合时，得报告上级党部，由上级党部请政府依法查办；各级政府对于同级党部之举措有认为不满意时，亦得报告上级政府，转咨上级党部办理。[③]这意味着，地方政府与党部之间是平行组织。

在本书讨论的时间范围内，国民党关于党政关系的基本原则是：国民党让行政隶属于党的中央执行委员会的政治委员会，行政院、省主席和高级政府官员由党中央执行委员会政治会议任命，各级政府机构处于党部的监督之下。但是省及省以下政府并不隶属于相应党部的领导。地方党部如想改变当地政府之决定，必须通过中央执行委员会的政治会议才能做到。也就是说，在中央层面，党的机关具有最高的指导作用，一切要通过党的中央最高机关，而在地方层面，党与行政

① 中国第二历史档案馆：《国民党政府政治制度档案史料选编（下）》，安徽教育出版社，1994年，546页。

② 中国第二历史档案馆：《国民党政府政治制度档案史料选编》，安徽：安徽教育出版社，1994年，547页。

③ 参见《国民政府五中会议全案》，五中书局，1928年，16-17页。

是平行的两个系统，党可以监督行政，但并不能直接干涉。这样，建立起了以党统政、同时保证行政系统相对独立性的模式。但是，在这种模式下，毕竟存在着双重系统，两个系统之间存在着张力。

在任官资格上，党治原则进一步渗透。孙中山曾经告诫其党员："以党治国，并不适用本党的党员治国，是用本党的主义治国！"然而，国民党人并没有好好地遵循孙中山的遗训。1926 年，国民党广东省党部曾呈请中政会，要求"非本党党员不得在行政机关服务"。1926 年 9 月 28 日，国民政府通令各机关，"文职委任以上，武职尉官以上，应以本党党员为准"。①"委任和尉官分别为当时文武官员的最低层级，故这一规定实已从制度上确立了党籍作为入仕从政的先决条件。"②

此时的党已经不是议会选举型政党，而是政社一体化政党。在议会选举型政党模式下，党对政的介入主要是通过政务官系统，通过任命政党成员为官员，在具体的国家事务运作中贯彻党的纲领。而在政社一体化政党模式下，是以政党的意识形态来统摄诸领域。以党籍作为任官的先决条件，可以说，某种程度上类似于科举取士，也就是把对某种意识形态的认同作为任官的先决条件。这可保证形式上的官僚队伍的纯洁性，但这种意识形态统治可能存在的最大问题就是言与行的脱节。人们为了进入官僚系统而在口头上接受某种意识形态，但实际行为上却是为了私人谋利，这种言行不一的普遍存在又会动摇人

① 中国第二历史档案馆：《国民党政府政治制度档案史料选编（下）》，安徽教育出版社，1994 年，202-203 页。

② 王奇生：《党员、党权与党争》，上海书店出版社，2009 年，201 页。

们对这种意识形态统治的信仰。中国历史上的每一次朝代更替都是一次意识形态统治的合法性危机。国民党的以党统政也面临着类似的问题。“1927 年以后，国民党的大部分追随者是出于现实利益考虑的功利主义者和投机主义者。党票如果不能带给他们实际的好处，他们必然视党籍为无足轻重。”①

然而，此时毕竟已经进入了早期现代社会。在传统中国，用儒家治国在行政层面也能运作良好。而在现代国家，光靠意识形态是不够的，现代国家需要一套专业化的行政系统。过多地强调“政治正确”，就会导致“外行领导内行”的局面。南京国民政府并没有完全沿袭广州“党籍作为入仕先决条件”的规定。1927 年 5 月 16 日，南京国民政府办法训令：“政府用人，在不妨碍党权范围以内，不拘有无党籍，选择录用，俾所学所用，各效其长，则人无弃才，政可具举。”实际上，在南京国民政府时期，行政官员中非国民党员的比重很大，但是重要职务主要为国民党员占据。

六、建立现代官僚制的困境

民国初期现代官僚制的建立意在实现公职的开放性和专业化，但现实并不乐观，由于儒家意识形态控制的解体，官僚队伍反而出现了来源庞杂、治理混乱的现象。对此，需要从转型政治的特征中寻找原因。

中国传统的官僚系统以“士”为主体，选官制度主要为科举取

① 王奇生：《党员、党权与党争》，上海书店出版社，2009 年，210 页。

士，社会治理所依赖的群体主要包括三个部分[①]：

一是正式领薪的官员，这部分人数量很少。据统计，19世纪末期，清朝中央政府官员2622人，地方官13007人，武官7464人，共计约2.3万人，而当时全国人口突破4亿，平均每名正式官员需治理1.7万余人。

二是非正式的吏役群体，也就是正式官员的僚属，数量庞大。在清代，仅县级衙门，就有“千县30万吏”之说。

三是县以下的乡绅自治。乡绅主要是具有生员以上功名的人和退休官员。

现代官僚制的确立主要与这种传统治理模式的转型以及“士”身份的转换相关。金耀基认为，现代官僚制的组织特点包括：第一，科层组织建立在工具理性之上，每一机构的组织结构都尽量根据其功能需要来设计，整个官僚机构着重专业分工。第二，科层组织中的官员必须具有专业知识和专业精神，他们以某种特定的专业职能部门的专业为终身职业，通过专业的文官考试，整个科层组织是专才型的。第三，科层组织和政治的斗争与权力之争互不相关，科层组织服从所谓技术性的超政治型模。[②]

这样一个现代转型必然会面临许多问题。首先，现代政府公共职能的范围较传统政府更大，相应的是政府规模的扩大。同时，出于现代政府公共性的需要，传统的官员僚属应转变为公职人员，这也进一

① 参见王奇生：《革命与反革命》，社会科学文献出版社，2010年，408-409页。

② 转引自金观涛，刘青峰：《开放中的变迁》，法律出版社，2011年，304-305页。

步使得官僚队伍扩大。政府规模的扩大便需要相应的公共财政的支撑。民国建立之初，政治稳定性不足、国家财政汲取能力有限，因而现代官僚制的建立首先受到了这个客观条件的制约。

其次，现代官僚制需要大量的专业人员，与现代政府管理相适应，官僚队伍的知识也面临着更新换代或者说转型的问题。这并非一时可以解决的，需要一个发展过程。按照现代官僚制的要求，在民国初期，在中央层面，尚且可以保证官僚队伍的专业化和相对稳定性，而地方官僚队伍的专业化和稳定性则要大大弱化，地方官僚机构本身的专业化程度也不足。

再次，现代官僚制还涉及对传统地方治理的改造，由于牵涉地方性、本土习惯、地方权威等问题，这个改造过程必然遭遇各种冲突。传统的乡绅秩序遭到破坏，而取法西方的现代治理模式并未能提供良好的替代机制面对基层问题，造成了基层治理中的混乱。

实际上，在民国时期，虽然从袁世凯到国民政府，都尝试建立官员铨选制度，但是无论是在中央层面，还是在地方层面，真正通过考试而担任官职的比例并不大。官员的主要来源依然是依赖人治化的荐举。这种荐举又不同于现代的政党组阁制，政党组阁是与责任政府观念相联系的制度化选人机制，阁员与政党共进退，而荐举则是随意化程度很大，因人而异，没有制度化的制约机制。在这种选人机制下，难以避免腐败者、不胜任者当政的现象。

对于任官资格，在法律层面并没有特殊的身份歧视，看似一个社会进步，体现了现代社会基本的平等精神，但是在实践层面，民国初期的官僚队伍却出现了来源混杂的问题，官场腐败并没有随着现代转型而消失。更为重要的，还不是上述这些较为技术性层面的原因，而是涉及更深层的社会治理模式转换，具言之，就是由传统的儒家意识形态统治向现代工具理性转型的问题。中国的传统取士在强调官员的能力和水平之外，还有一套意识形态控制系统。而现代官僚制，强调专业性，很大程度上是意识形态无涉的。这种官僚制度要想运转良好，需要政治领域与行政领域的某种分离，需要有良好的政治运作，政治领域体现民主，行政领域体现专业。然而，在中国的现代政治转型尚未完成的情况下，以考试为主体的文官选任制度遭遇了种种障碍。最大的问题在于，在传统的道德意识形态瓦解之后，官场道德失范，与之同时，缺乏对于民众（选民）负责的机制。

在地方层面，中国古代社会的知县与胥吏之间的关系有点类似于政务官和事务官的两分，只是其背后所代表的力量不同。知县一般是经过以儒家思想为主导的科举考试的人，而胥吏则代表地方力量。民国成立后，这二者都演变为现代国家官僚体系的一部分，而把自治或者民主的因素交给形同虚设的县议会。然而在考试无法在实践中成为任官之主要途径的情况下，官僚队伍庞杂，同时又失去了儒家道德意识形态的制约和地方因素的制约，治理问题大面积暴露。

面对吏治问题，1923 年孙中山在欢宴广州军政各界时的演说中认为，可以有两种途径——厚俸养廉与考试取官。[①] 这两个途径的可行性和效果都是问题。党治原则的确立重新抓住了意识形态的“稻草”，

① 孙中山：“在欢宴广州军政各界时的演说”，载《孙中山全集（第七卷）》，中华书局，1986 年，206 页。

在国民革命时期，一度强调行政官员的党性。这虽然部分解决了官员队伍的纯洁性问题，但也会弱化行政系统的专业性，同时一些政治投机分子进入执政党队伍，弱化了党的意识形态统治。在南京国民政府成立之后，一定程度上进行了调和党政关系的尝试，但是基本的以党统政模式已经形成，民国初期关于政务官与事务官相分离、建立专业化的官僚队伍的努力让位于党治原则。现代官僚制的确立除了考选制度之外，必须解决政制层面的问题，确立宪制框架，具体也包括前文讲到的代议政治、政党政治的现代建构。

第四章　公共舆论：自由与权力之间

民国初年，随着言论自由的法定化，公共舆论领域得以发展。良好的公共舆论领域有利于国家建设和转型，而非理性的公共舆论领域则可能加重转型期的矛盾，导致权利与权力的激烈对抗。民国初年的公共舆论领域发展并不成熟，在自由的同时出现了非理性、激进化的倾向，而媒体党化作为一种新现象也在这个过程中出现，进一步扭曲了公共舆论领域，加重了国家力与社会力之间的张力。

一、民国初年的舆论自由

从 1912 年到 1928 年，中国主要共有六部宪法性文件，即《中华民国临时约法》、《中华民国宪法草案（1913）》、《中华民国约法》、《中华民国宪法草案（1919）》、《中华民国宪法（1923）》、《中华民国宪法案（1925）》，均规定了言论自由的权利，并且没有相应的限制性规定。

在实践中，报纸的言论表达也较为自由，批评政府的言论颇多。民国初年的报纸大多称自己是独立的、代表民意的。[①]《民立报》称

① 冯江峰，“清末民初人权思想的肇始与嬗变”，中国政法大学博士论文。

自己是“舆论之母”“舆论代表”“四万万众共有之言论机关”；《国风日报》宣称：在民主制度下，“报馆与国务院、总统府平等对待，其性质与参议院均同为监督公仆之机关”；《大中华民国杂志》称：“共和之最高势力在舆论”，新闻记者是“不冠之皇帝，不开庭之最高法官”。根据孙旭培等人所抽取的样本，1912 年 1 月至 1916 年 7 月，《大公报》“言论”栏目 227 篇中，批评政府的有 106 篇，所占比例为 47.1%。刊发“闲评”453 篇，其中批评政府的有 373 篇，所占比例为 82.3%。①“恰恰是癸丑报灾发生的 1913 年，是《大公报》批评政治言论最多的一年。在民初这个时期，《大公报》对于当时政府的政策兴废、治理得失以及官员的优劣贤愚均能进行大胆的评说，并且多有批评和讥讽总统、总理的。这应该说，享有较高程度的批评政府的自由。”②

有的政府领导人也对言论自由表现出了较为宽容的态度。如 1912 年 5 月，戴天仇针对四国银行垫款事件，谩骂唐绍仪、袁世凯，公共租界以该文鼓吹杀人，将戴天仇拘捕。然而唐绍仪没有耿耿于怀，而是以国务总理致电上海交涉司与租界当局交涉释放，并说：“言论自由，为约法所保障。”③

言论自由的氛围推动了公共舆论领域的发展。据统计到 1916 年

① 孙旭培等：“法律是自由的‘拯救者’——清末民初新闻自由评析”，《批判传播评论》，2011 年第 1 期。

② 孙旭培等：“法律是自由的‘拯救者’——清末民初新闻自由评析”，《批判传播评论》，2011 年第 1 期。

③ 天仇：“大失望”，《民权报》，1913 年 9 月 4 日。

底，全国报纸达289种。1916年仅上海的《新闻报》发行量就超过了3万份。在史量才等报人的经营管理下，1917年《申报》的发行量也达到了2万份，1922年上升至5万份，1925年达到10万份，1926年则升至14万份以上。这样的发行数量，即使今天的市场主流媒体，也难望其项背。这些报刊形成了与政治权力抗衡的舆论力量，有的报刊甚至具有了影响政府决策的实力。

民国成立后，对于言论自由的放开，促进了社会领域的发展。报刊的受众更为广泛，这就对报刊的文体提出了要求。报刊的发展与中国的白话文运动是同步的，这又与中国公共空间的形成、发展和社会启蒙相同步。

然而，不可忽视的是，在言论自由发展的同时，也出现了对于言论自由的限制，尤其是在袁世凯执政时期。

二、权力对舆论的介入：报刊查禁

言论自由像所有其他自由一样，都存在着自由的边界。言论如果超出了一定的边界就可能危及国家安全和公共利益。具体而言，政治言论所涉及的利益冲突包含以下三个层面。

第一，言论危及国家利益。当时的中国处于复杂的国际背景下，有些不当的言论的广泛传播则可能危及国家利益，引起国际争端。

第二，言论危及统治当局的利益。这些言论未必危及国家利益，因为国家与政府不是同一的，统治当局的做法有可能是不利于国家的。当时，国家政权尚不稳定，有些言论直接意在推翻现政权。从自然法的意义上讲，这种言论未必是违法的，因为公民对于不正义的政府拥有反抗权，但是关于政府本身是否能够维持和改善、推翻现政府对于普遍利益而言是否是最优选择这些问题，是很难判断和假设的。而在当时复杂的国际背景下，这类攻击政府的言论，也可能危及国家利益。

第三，批评政府的言论。有些批评政府的言论虽然不利于某些具体官员，但却是有益于政府的。在责任政府的制度下，批评政府的言论也可能导致该届政府的下台。但是这类言论基本上不会触动政权本身，也是有益于国家利益的。

观察言论自由与国家权力的边界，何种言论自由会遭到假以国家权力的干涉，可以发现公权力对不同意见和做法的容忍程度和能力，了解民国初期我国言论自由的真实尺度。本书将主要围绕报刊的自由度和受限制情况进行分析，重点关注的是政治言论。民国初期报刊的查禁状况更为直接地反映了政府对于言论自由干涉的实际状况。

通过文献检索，笔者归纳了政府对报刊查禁的十种情况：一是报刊直接批评国家最高领导人；二是报刊批评军阀首领①；三是对一般官员的批评；四是对国家政策的批评；五是涉及意识形态的言论；六是可能危及政权稳定的言论，具有煽惑性质，一般由政府的反对派发起；七是涉及外交、军事的内容；八是报道不实；九是针对非政治言论，一般为色情言论；十是针对其他内容的查禁。

根据北洋政府公报和内务部档案中政府发出的查禁报刊的令文以

① 在本书研究的时期内，军阀政治是主要特点之一，军阀相当于地方诸侯，有时也是全国范围的主要当权者，不是一般的军人或地方行政长官。

及其他材料，统计92次查禁报刊的情况（详见附件三），[①] 具体如下。

表9　北洋政府时期查禁报刊原因统计

查禁原因	次数
批评国家领导人	24
煽惑人心，妨害治安，危及政权	22
意识形态控制	19
批评政府，查禁理由较为宽泛	9
批评军阀首领	5
涉及外交	4
报道不实	4
涉及军事	2
有伤风化	2
诋毁前清	1

根据统计可以看出，报道不实，涉及外交、军事内容，淫秽色情内容，这些通常而言限制言论的正当事项，反而在实践中因此被查禁的比例较少。查禁比例最多的为针对国家领导人的批评。因批评军阀首领而遭查禁的数量不多，这或与此类查禁大多没有发布公函，而是

① 国民党对于报刊的控制一般是采取党化或者检查、纠正的方式，是一种普通性的控制，与这里主要因具体事件引发的控制不同，这里未予统计。统计参考了《五四爱国运动档案资料》，中国社会科学出版社，1980年；中国第二历史档案馆：《民国档案史料汇编·第三辑·文化卷》，江苏古籍出版社，1991年；中国第二历史档案馆：《民国档案史料汇编·中国无政府主义和中国社会党》，江苏古籍出版社，1991年。

私自采取粗暴的处理手段有关。因批评一般官吏而受到查禁的在这个统计中为零。这反映了言论自由领域遭遇的限制主要与国家顶层权力斗争有关，是当时国内复杂的政治局势的反应。而对于一般的言论批评，则各方都保持了较大的宽容度。

意识形态控制是五四运动之后的一个主要倾向。在民国早期，批评政府的言论主要是对政府政策或个别领导人的批评。而在五四运动之后，大量批评政府的言论加入了意识形态的因素，反对当时的政府体制，煽动革命，推翻现政权。这势必引起政府对言论的控制收紧。“五四运动”爆发后，北洋政府发布了旨在防范共产主义在中国传播的《查禁俄过激派印刷物函》。1919 年 10 月，北洋政府颁布了《管理印刷营业规则》。1920 年，国务院发布《关于严禁无政府主义书刊传播公函》。1920 年，内务部警政司拟订《防范新思潮传播办法》，主要针对俄国思想的传播。[①]然而在该办法中，并非一味的强调压制思想，而是同时提出了“治标”与“治本”的办法。治本的办法包括：刷新政治、登用才俊、改良教育、崇尚俭德、提倡储蓄、鼓励实业、垦荒开边、安置华工。治标的办法包括：整顿乡团、厉行清查户口、注意在校学生行动、注意回国华工、注意工场及工党、注意偏激报纸、注意集会演讲、注意印刷物品。主要意图在于通过注重民生达到民治。

关于查禁的方式主要有三种：一是根据正式的政府公函进行查

---

① 中国第二历史档案馆：《民国档案史料汇编 · 第三辑 · 文化卷》，江苏古籍出版社，1991 年，499-502 页。

禁，即使一些地方官员想查禁某些报刊，也往往会发文给内务部以获取同意，属于行政的手段。二是通过法院审理，运用司法手段，加入了其他权力分支的制衡。虽然法院实质上的独立性存疑，但在实践中，确实起到了一定的制约行政权力的作用。比如，1914 年 10 月 29 日，北京《亚细亚报》被控违反《报纸条例》，黄远生以被告辩护律师身份两次出庭辩护，《申报》曾刊出他的辩词，最后以地方审判厅判决《亚细亚报》无罪而结案。三是私下处理，主要是军阀直接采取打砸的行为，中央官员采取此类行为主要在民国建立初期，出版法律尚未出台之时。如 1912 年，绍兴军政分府都督王金发，在受到《越铎日报》批评后，竟纵容手下士兵砸毁该报馆，工作人员 17 人被殴打致伤。这说明，虽然出版法律有限制言论自由之处，但由于有法律在那里，政府在行为之时会考虑以法律之名，采用正当理由，好过没有成文法。

政府对于报刊的直接打压对于新闻事业的影响巨大。民国元年，全国有报纸五百多家。在法律和政府严厉措施打击之下，1913 年底全国报纸数量仅剩下 139 种。“北京报纸只余二十家，上海只余五家，汉口只余二家，报纸销数亦由四千二百万降至三千九百万。”① 综计 1916 年底到 1919 年五四运动前的两年半时间里，至少有 25 家报纸被封，17 名报人遭到监禁或枪决等处分。在北、南军阀的限禁和迫害下，1918 年底，全国报纸总数由 1916 年底的 289 种，降为 221 种，减少了 23%。②

---

① 戈公振：《中国报学史》，中国新闻出版社，1985 年，184 页。

② 方汉奇主编：《中国新闻事业通史》，中国人民大学出版社，1992 年，1061-1062 页。

在如此重压之下，报界依然体现出了一定的独立精神，许多报刊在复刊之后继续坚持批评的立场。1918 年 9 月 24 日，《晨钟报》因揭露段祺瑞政府所操持的向日本秘密借款，与《国民公报》等十余家京津报纸、新闻通讯社被查封。同年 12 月，《晨钟报》易名《晨报》，1919 年又因著论攻击段祺瑞政府的御用国会——安福俱乐部被停刊，不久恢复出版。《京报》是 1918 年 10 月 5 日由邵飘萍创办，着重报道和评述政局、战事。1919 年 8 月 22 日，因载文抨击曹汝霖亲日卖国而被查封，邵飘萍流亡日本，编辑潘公弼被捕监禁两个月。1920 年，安福政府倒台后，《京报》复刊，仍然坚持抨击军阀专制。1926 年邵飘萍因支持国民革命军，反对直奉军阀，被张作霖捕杀，理由是宣传赤化。

就民间认识而言，往往对于批评政府的报刊给予更多的支持，而对于支持政府的报刊报以冷漠的态度。如《五七报》，主要批评袁世凯政府，被袁政府禁邮寄，但印数却达到了 5000 张。而袁政府的机关报《大共和日报》，报价和《五七报》一样，只售铜元两枚，但日售不满百份。[①]《大公报》在 1916 年 9 月售予安福系议员王郅隆后，为安福系张目，受到读者唾弃，只能在租界范围内销行。

三、权力对舆论的介入：政治资金

如果说政府对报刊的查禁属于负面的限制，那么政治资金对于报刊的介入则属于正面的控制。有报刊并不意味着就有广泛的言论自由

① 《中华文史资料文库（第八卷）》，中国文史出版社，1996 年，9 页。

度，甚至报刊数量的多少也不一定是衡量言论自由的绝对标准。还要看报刊发挥舆论监督作用的实际能力，这里，资金的制约是一个很大的因素。民初的报刊大多接受政治资金，真正的民营报刊很少。

首先是政府对报刊的直接资助，以使报刊成为政府或统治者之喉舌。袁世凯自从就任临时大总统以后，就立即着手创办和收买报纸。先后在北京、上海、长沙创办了多家报纸，比较有影响的是《亚细亚日报》和《神州日报》。当时还出现了著名的“臣记者”薛大可，以及新闻界臭名昭著的“三小人”——康士铎、乌泽声和汪健斋。他们都是典型的无态度、无主张，看谁得势就捧谁，谁失败就骂谁。

1925 年，北洋政府的参政院、国宪起草委员会、军事善后委员会、财政善后委员会、国民会议筹备处、国政商榷会六个机关成立“联合办事处”，从财政部领到 2 万元，美其名曰“宣传费”津贴，发给全国报社通讯社共 125 家。津贴标准分为四级：(一) 超等者 6 家，每家至少 300 元；(二) 最要者 39 家，每家 200 元；(三) 次要者 38 家，每家 100 元；(四) 普通者 42 家，每家 50 元。六个机构还对与自己关系特别密切者另外发给津贴。

官僚政客以私人名义资助报刊和新闻记者更不乏其人，如 1925 年成舍我创办《世界日报》时就从财政总长贺德霖那里得到 3000 元。

有学者分析了民国初期政治资金对于报刊的介入情况：①

据 1926 年 9 月 5 日南满株式会社发行的秘密文件《支那新闻一览表》和 1927 年（昭和 2 年）11 月日本外务省情报局作的秘密调查

① 王润泽：“津贴：民国时期中国新闻界的痼疾”，《新闻与写作》，2010 年，9 月。

《支那新闻及通讯机构调查》中显示，在中国稍有影响的报纸都能得到也乐意接受各种津贴。北京因为是中国政治中心，因此各种政治势力创办或给与津贴的报纸最多。北京有重要中文报纸约 40 家，明确标明“XX 机关报”或接受津贴或补助的有 31 家，只有没有多少影响和名气的 9 家未表明接受补助，但并不代表它们没有背景或补助，因为日本情报机关对材料的收集是有甄别的。从支持者的名单中可以看出出资办报的机构和个人身份各异。有中央政府的，地方政府的，交通系、研究系、安福系，甚至国民军系、地方军系，也有个人出资等。

李思浩先后任段祺瑞内阁的财政次长、总长，曾回忆说，在他任财长期间“要结交几个新闻界的朋友，也要应付一般新闻界的需索，给他们一点津贴。在朋友中，胡政之和段芝泉、徐树铮关系很深，和我们都很熟，自非一般可比，可以说是我们团体中的一员。除《大公报》（由王郅隆出面主办），以及胡后来办的《新社会报》要给相当数目的资助外，对胡本人，我记得在我当财部总、次长的几年间，每月送他三四百元，从未间断过”。

一般认为上海是中国商业报纸发达地区，津贴现象较少，但调查显示，上海报纸只是接受津贴更为秘密一些，因为毕竟有的商业报纸历史悠久，认为接受津贴不太光彩。当时比较有势力的报纸有 11 种：《申报》、《新闻报》、《时报》、《神州日报》、《新申报》、《商报》、《中国晚报》、《中华日报》、《时事新报》、《民国日报》、《中南晚报》，这些报纸多依托租界的外国势力，用国外的名义进行登记。日本间谍调查显示除前三家外，全部是政党机关报或接受补助，如《新申报》在

1925 年左右接受的是李思浩或张学良的津贴，同时与孙传芳关系密切，每月有 2500 元的补助。而陈布雷所在的《商报》接受的是汤节之、虞洽卿的出资，与奉系军阀关系相当紧密等等。虽然日本间谍没有调查出《申报》等的背景，其实它在 1912 年归史量才所有的时候，却是不折不扣的政党报纸。从计划到收购，背后有共和党的支援，11 万两的收购费用，均由共和党人认购，张謇 1 万两，应季中和赵竹君各 3 万，熊希龄和程德全各 2 万。史量才负责报馆之后的运行费用。虽然对外号称独立媒体，实际上是共和党的党报。但时间不长，1918 年席子佩与史量才因本金偿还问题诉诸法庭，史量才败诉，才巧妙地将张謇等人的股份注销，正式成为史量才的私人财产。而在其经营的过程中史氏更先后接受（军阀）齐燮元每月捐款 2000 元，以及一块地皮和一栋住房。

“到 1920 年代，只有完全避开了政治的报纸，才有望保持其声誉。林语堂挖苦地评论道，备受关注的报纸《申报》，将其报道限制在外国问题、远端新闻以及诸如‘勤奋的重要性’或‘真理的价值’等一般话题上，由此确保了自己的声誉”。①

政府对报刊的资助使报刊丧失了独立性。相对于政府对于报刊的直接介入，政党介入报刊对于言论自由的影响则较为复杂。托克维尔曾经论述过报刊与社团之间的正相关性。② 报刊有助于社团的发展壮大，反过来，多元社团的发展又有助于言论自由。在现代国家的宪法

① 费约翰：《唤醒中国：国民革命中的政治、文化与阶级》，李恭忠等译，三联书店，2004 年，309 页。

② 托克维尔：《论美国的民主（下卷）》，董果良译，商务印书馆，1987 年。

中，言论自由与结社自由常常同时出现。就现代政治运作而言，党派的报刊是不可或缺的。在当时，国民党的重要报纸，上海《民国日报》的主编叶楚伧就认为，一家报纸拒绝代表一个党派，并不代表什么，只意味着“几个编辑围坐在屋里用笔名写作”。在他看来，报纸的独立只是个空洞的口号，而政党的繁荣和政治的自由才是报纸应该关注的。也就是说，因为没有更多的政党让每一种报纸去代表，所以报纸才没有发挥其应有的责任，报纸应该去促成政党的繁荣。① 的确，报刊与政党相结合可以作为一种有效的多元政治力量，从而对政府权力起到制约的作用。中国近代报刊的大量出现也与结社自由的放开相关。但是在中国政治转型时期，一方面，有些政党报纸的主办者是革命党人，他们的目的不单纯是通过政党政治、代议政治实现政府轮替，而是意在通过暴力手段推翻现政权，已经超出了宪法的范围。当然，笔者并非否定革命，当现政权不愿实行宪法而导致革命发生，革命是具有合理性的。笔者主要是强调在非常政治时期，言论自由与结社之间关系的特殊性。另一方面，在中国现代报刊发展的初期，由于缺乏民间资本和独立社会力量的介入，政党资金大量介入媒体领域，同样导致报刊独立性、客观性的丧失。同时，由于中国政党发育的先天不良，政党之间纲领趋同、代表的利益趋同，政党之争更多地体现为人事斗争，报刊因代表政党利益而由社会之公器变为党派攻讦的工具则不得不说是一个问题。如果说政府对报刊的查禁

① 费约翰：《唤醒中国：国民革命中的政治、文化与阶级》，李恭忠等译，三联书店，2004 年，310 页。

是外部的干涉，那么报刊本身的党派性、独立性的缺乏则反映了报刊自身的局限性。

中国近代报刊的发展与政党的发展有着密切关系。在本书探讨的时间范围内，从全国报纸总量来讲，政党报纸依旧占绝大多数。当时的报刊，除民营者外，影响力较大者，多属于三个政治党派：一派属梁启超所领导的研究系；一派属孙中山所领导的国民党；一派则属于中共或中共的前身。[①]

主要的政党报纸有：自由党的《民权报》、《自由日报》，中国社会党的《社会日报》、《人道周报》、《社会世界》，中华民国工党的《党民报》，国民党一派的《天主报》、《天民报》、《珠江日报》、《香江晨报》、《中华新报》、《民国日报》等，共产党或其前身的《共产党》、《新青年》、《向导》、《热血日报》等。

政党报纸对于政治权利的发展具有积极与消极双重影响。就积极面而言，政党报纸，尤其是在野党的报纸，作为多元的政治力量，对于政府权力起到了有效的监督作用。就消极面而言，在中国政党先天发育不良的情况下，政党报纸极易沦为政党相互攻讦的工具，从而失去客观性。如为贿选副总统事，安福系的《新民报》和交通系的《民福报》痛诋对方隐丑；失势后的研究系《晨报》与当权的《公言报》彼此视为政敌。结果是，同样一件事，甲乙两报报道迥然相反，完全从立场出发，而不顾事实真伪，失去了起码的新闻职业伦理。在这种情况下，报刊的公共职能减弱，而成为政治权力的附庸。

① 张玉法："新文化运动时期的新闻和言论"，《近代史研究所集刊（台北）》，1994 年。

四、宣传机构的建立

民初的政党乱象使得一些政治精英意识到，有必要为了富国强民、结束国家四分五裂的局面而统一思想。由此，重建党治模式下的一体化国家的想法开始萌发，这也体现在了言论自由领域，意识形态控制开始与国家政权相结合。

1. 舆论宣传与统一思想

在“五四运动”前后，便出现了针对意识形态的言论控制。“五四运动”之后，政府希望集中控制言论的愿望更加强烈。1921年8月6日，京师警察厅拟定“减少京师报馆办法致内务部呈”，[①] 目的在于“言论界得免于纷扰之流弊”，实际上是加强言论控制，统一思想。但是由于当时《报纸条例》已经废除，取缔报纸面临着合法性的困境，因此该办法想出了以下几种方法：一是，由于通信社是报纸信息的来源，而可以根据《出版法》取缔通讯社；二是，由政府组织一种特别报纸，以“正大言论，为全国之南针”；三是，对于办报设定一些约束条件。这里虽然出现了“统一思想”的意图，但是还未上升到国家意识形态层面的控制。当时对言论的意识形态控制主要是针对俄国激进思想的传播，政府害怕革命，担心政权被推翻，而当时的政府自身尚未有比较完整的意识形态体系。

1923年，孙中山发表了“国民党奋斗之法宜兼注重宣传，不宜专

---

① 中国第二历史档案馆：《民国档案史料汇编·第三辑·文化卷》，江苏古籍出版社，1991年，320页。

注重军事”一文，认为要用宣传去改变国民。[①] 宣传是现代政党的重要工具，任何政党都需要宣传。但孙中山这里所提的宣传是要把一党的宣传上升为国家意识形态。

1924 年孙中山改组国民党，加强了对本党主义的舆论宣传和统一思想。1927 年 9 月宁汉合流和 1928 年 12 月东北易帜后，以蒋介石为首的国民党确立了在全国的基本统治，同时加强了对于思想舆论的控制。1928 年，国民党宣布在全国实行国民党“以党治国”的方针，相应地，在新闻宣传领域提出了国民党“以党治报”的方针，规定非国民党的新闻事业必须接受国民党的思想指导与行政管理，其目的在于压制不同政见的报刊，控制全国的舆论宣传。从此，“宣传”高于“言论自由”。国民党中央常会第 144 次会议于 1928 年 6 月开始先后公布了具法律效力的《设置党报条例》、《指导党报条例》、《补助党报条例》。根据这三个条例的规定，所有报刊均须绝对遵循国民党的主义与政策，服从国民党中央及地方党部的审查，从而建立起了国民党新闻检查制度。如《指导党报条例》第一条表明了立法目的：“为指导本党舆论、统一宣传起见。”第七条规定了定期审查制度：“各党报须按期寄送刊物全份于中央及所属党部宣传部审查。”[②]

同时，国民党还制定了《指导普通刊物条例》和《审查刊物条例》，对非党刊物进行党化控制。如《指导普通刊物条例》规定，“各刊物立论取材须绝对以不违反本党之主义、政策为最高原则”，

① 孙中山：“在广州对国民党员的演说”，《孙中山全集（第八卷）》，中华书局，1985-1986 年，565-578 页。

② 倪延年：《中国报刊法制发展史（史料卷）》，南京师范大学出版社，2006 年，163 页。

“中央及所在地最高级党部宣传部审查后认为有更正之处，各刊物须绝对服从”①。

2. 宣传机构的强化

1921 年 1 月 3 日成立的国民党本部驻粤特设办事处，成为国民党事实上的宣传机构。办事处负责出版了孙中山的《五权宪法》和《三民主义》的早期版本，这是国民党意识形态的主要体现。

1924 年，国民党改组后，宣传部被授予检查和纠正党内出版物的专门职责。《中国国民党中央执行委员会宣传部办事章程》(1924 年 4 月) 规定“确保一切公开言论，都必须以权威和一致的方式表达出来”，中央宣传部“指导各地区执行部和各省党部的宣传部，以实现宣传和舆论的统一”。“孙中山在世时，中央宣传部从未做过这种事。但到了 1925 年中期，它承担起了职责，指导和规范着全国范围内由国民党或任何党员创办的报纸、期刊、传单和海报，学校、制片公司和艺术表演团体。”② 国民党进而建立起了全国的宣传机构体系。“省宣传部就像中央宣传部的代理人一样工作，向下属市、县党部传达指示和宣传大纲，并遵照中央指示按月印行党务报告，内容包括省级执行委员会和所有其他部门的活动，以及地方党部活动的概要。在发布主要宣传方针之前，它要寻求中央宣传部的建议和批准。……省宣传部还协助中央党部去规范市、县级宣传工作。省级干部有权检查

---

① 倪延年：《中国报刊法制发展史 (史料卷)》，南京师范大学出版社，2006 年，169 页。

② 费约翰：《唤醒中国：国民革命中的政治、文化与阶级》，李恭忠等译，三联书店，2004 年，359 页。

和纠正省、市、县级发行的党内出版物，以在党的宣传方面‘确保一致’。”①

党报体系的建立使得党对宣传工作的领导具体化。《设置党报条例》规定了党报的范围，包括党报、半党报、准党报三种，“由中央及国内外各级党部所主持者”为党报，“由本党党员所主办而受党部津贴者”为半党报，“完全由本党党员所主持者”为准党报。条例要求国民党“各级宣传部设置日报，以一种为限”。至于党的组织同党报的关系，《指导党报条例》明确规定，“中央宣传部特设指导党报委员会，专司党报之设计、管理、审核考查及其他一切指导事宜”。对中央和地方党报实行分级管理，“直属于中央之各党报由中央宣传部直接指导之；其属于各级党部之各党报，得由各级党部秉承中央意旨领导之，但须按月向中央报告”。加强对各级党报控制的最重要一环，是人事任免，条例规定，“凡中央及各级宣传部直辖之日报杂志，其主管人员及总编辑由中央或所属之党部委派之”。在党报的新闻报道和宣传内容上，条例规定，必须以“本党主义及政策为最高原则”。通过这些规定，建立起了中央可直接控制的党报系统。

1923年冬，广州的《新民国报》改版为《民国日报》，由国民党中央宣传部主持。在1928年《中央日报》出现之前，《民国日报》是正式党报的统一刊名。此前的政党报纸，其津贴一般由政党供给，而广州《民国日报》的经费则由广州市政厅发给，为了统一思想，党政

① 费约翰：《唤醒中国：国民革命中的政治、文化与阶级》，李恭忠等译，三联书店，2004年，361-362页。

开始合一。广东省宣传部还努力促成了一个官方党报《民国日报》系列，从广州市起，“南抵与越南北部东京相邻的地区，东至海岸线，北达与福建相邻的几个县”。此举的意图，是以党报取代各地已有的报纸。在此之前，《民国日报》仅有的两个版本来自上海和广州，北京版大约在1925年春孙中山抵达时出版，又在北京政府命令之下关闭。1925年11月18日，“广东省宣传部颁布了一系列关于举办党报的规定，为《民国日报》网络的拓展工作提供了指导方针……这些规定赋予了省党部绝对权力，使它有权决定哪些报纸将获得授信，并有权控制那些获得授信的报纸。”“到1926年6月，已经有8个版本的地方《民国日报》正在寻求授信，另有3家正在为此作准备”，形成一种大拼盘似的报业格局，覆盖了广东省内国民党控制下的各县和各地区。①

国民党进一步加强宣传力量的两大举措是成立中央通讯社和《中央日报》。1924年3月28日，国民党中央执行委员会发出第二十九号通告指出：本委员会为求新闻确实，宣传普及起见，特由宣传部组织中央通讯社，凡关于中央及各地党务消息，暨社会、经济、政治、外交、军事，以及东西各国最新之要闻，足供我国建设之参考者，靡为不精确之调查，系统之记述，以介绍于国人。4月1日中央通讯社在广州正式成立，由中国国民党中央委员会宣传部主办，主要任务为报道党务消息。后报道内容扩大至国内外新闻，并向全国各地报纸供

① 费约翰：《唤醒中国：国民革命中的政治、文化与阶级》，李恭忠等译，三联书店，2004年，407-408页。

稿，成为国民政府的舆论机关。虽然在现代传媒史上，许多国家都有自己的中央通讯社，但隶属党部则是国民党中央通讯社的特点。

《中央日报》是中国国民党机关报。早在1927年3月，汪精卫派就挂出《中央日报》的招牌，但国民党至今不承认这家报纸是中央报纸。被承认为国民党第一个中央直属党报的《中央日报》于1928年2月1日由中国国民党中央创刊于上海，一年后迁至于南京。报社采总编辑制，社长由国民党中央宣传部长兼任。《中央日报》成为国民党中央的喉舌。

据统计，至1926年6月，在国内不包括北京、广东，其他14个省市国民党出版的报刊有66种之多。①

这一时期，还出现了非党报刊的党化以及国民党对新闻界的严密控制。一方面，省级宣传部通过扩大党报系统以补充或取代私人报纸。另一方面，通过检查制度，检查和纠正地方报刊。从1926年初起，广东省宣传部每月要检查和纠正大约30种报刊杂志。②

五、社会力量与公共舆论

晚清以来，中国受到西方思潮的冲击，传统儒家意识形态的统治地位开始瓦解。此时，形成了各种思潮竞争的局面。这种局面在中国的历史上也曾发生过，当乱世来临时，思想控制放松，百家争鸣，但结果却总是走向一种思想的意识形态控制。在清末民初这个转型时

① 《政治周报》，1926年。

② 费约翰：《唤醒中国：国民革命中的政治、文化与阶级》，李恭忠等译，三联书店，2004年，107页。

期，同样面临着这样的境况与历史循环。虽然此时出现了现代形态的报纸，帝制解体，但是言论领域竞争的状况却并未最终带来多元思想并存的局面。对此可以有思想史的、文化的等多种解释路径，本书着重于从社会结构的角度进行解读。

社会处于国家与个人之间。言论自由的发展有助于社会力量的生长，社会力量也有助于言论自由相对于国家权力而扩展边界。但是当时社会领域发展的不成熟也反映到了言论自由领域。以报刊为媒介行使政治言论自由的主体是绅士阶层，在本书研究的时间段内，他们由传统绅士转型为城市绅士。他们不仅在人身上与传统的乡土秩序相脱离，而且在思想观念上开始接受西化思潮，处于转型期的思想界的混乱状况可想而知。以城市和精英阶层为核心的新思潮对于中国社会的整合能力成为问题的关键。民主宪制理念是一种弱意识形态，强调的是制度理性，与中国传统社会的意识形态统治不同，受传统文化以及当时政治环境的影响，这种弱意识形态很难发挥主导作用，百家争鸣带来了思想的繁荣，但是也导致了思想的混乱，无法满足人们对于国家秩序安定的需求，此时以社会改造思潮为核心的强意识形态作为整合中华民族的工具更容易胜出。观察世界历史也可以发现，在现代化的后发国家，强意识形态往往会在思想竞争中胜出，从而结束思想多元的局面。

具体到言论自由的行使上也存在一些问题。就报界而言，由于良好的公共空间和公共理性并未确立，许多报人对于政府的批评很大程度上仍是传统谏议传统的一种延续，有一种死谏的精神，但是却缺乏细致的说理和深度调查报道。以当时一篇著名的文章而言，1912 年 5

月，戴季陶（笔名天仇）在上海《民权报》上以“杀！”为题，在报端大书：“熊希龄卖国，杀！唐绍仪愚民，杀！袁世凯专横，杀！章炳麟阿权，杀！此四人者，中华民国国民之公敌也。欲救中华民国之亡，非杀此四人不可。”[①] 文章义愤大于说理。这种文章对报刊而言自然具有吸引眼球的作用，可以广泛传播，但同时也极具煽动性，加深了政府对于报刊的恐惧。

相对于政府对于报刊的大规模资助，真正独立的民间资金对于报界介入的很少。政党作为一种多元的政治力量对于报刊的资助一定程度上能够起到监督政府的作用，但是政党毕竟不是完全社会性的，具有政治性的特征，政党以执政为目的，这就使得政党报刊缺乏独立性，难免沦为党派利益的工具，甚至为了党派利益而不惜违背基本的媒体伦理。由于民国初年代议政治的挫折，通过竞选而执政的政党政治之路受阻，一些政党转而寻求暴力革命的路径取得执政地位，在这种背景下，政党报刊的言论更加激烈，往往以推翻现政权为目标，报刊自由与政府利益之间的冲突愈演愈烈。

在北洋政府前期，报刊言论一般是批评政府的政策，或对领导人的批评。而在北洋政府后期，尤其是五四运动前后，报刊言论更多的为意识形态的内容，直接煽动推翻现政权，使得新闻自由与政府利益之间的冲突不可调和。但是当时报刊的内容依旧是以批评政府为主。随着国民党中央宣传机构的建立，报刊的党派性演绎到了极致，政党意识形态与报刊进一步紧密结合。随着国民党在全国的合法政府的建

① 章开沅主编：《戴季陶集》，华中师范大学出版社，1990 年，389 页。

立，国民党的意识形态控制了舆论界。这抑制了其他意识形态的传播，虽然有利于统一思想和政权稳定，但同时也确立了唯一的意识形态的主导地位，而压制了真正的言论自由。随着“一个政党、一种声音”的确立，言论自由与社会力量相互促进的局面受到了压制。

本书所讨论的关于言论自由问题的国家与个人关系体现出了转型国家的许多特点。转型时期属于非常政治时期，而当时又面临着复杂的国内外形势，需要国家的一定的决断力，但是这种非常权力如果日常化则是危险的。另一方面，受激进的自由主义影响，许多参与国家转型进程的精英对政府的期望过高，更有甚者希望诉诸革命手段推翻政权，政府与革命者两方面力量无法调和。然而，如果以国家或公共利益为由限制言论自由的口子一开，就可能有国家权力扩大化的危险，从而侵害政治自由，这样所维护的公共利益并不能导向一个自治政府，而是一个更加一体化的国家体系。民国初年的言论自由还没有发展到现代阶段。言论自由不仅意味着批评的自由，还意味着不因批评而遭受惩罚。在前一方面，民国体现出了很大的自由度，但是在后一方面，却不尽如人意。最终，言论自由的发展以思想统一而收场，不得不令人遗憾。

结论：民初政治转型失败的社会根源

民国建立，按照西方经验，建立起了宪制模式。具体而言，有了国会选举，权力分立，政党政治，言论自由，……民初的一些制度今天看来依然有令人艳羡之处。然而这样一套制度却并没能走得太远，在现实运作中总是与理想模式存在着太大的差距。当然在制度建立之初，不完善是理所当然的，问题在于民初的宪政制模式最终破灭了，中国走向了激进革命，而民初的宪制模式似乎也包含着必然不能成功的因素。对于民初宪制的失败，学者们做出了多种解释，本书主要从社会因素的角度进行解读，阐释为什么民初建国模式走向了激进革命。

一、民初政治转型的“中国模式”

观察世界上的现代政制转型的成功经验，主要有以下几种模式：

第一，民主-宪制型。在这类国家中，民主代议机关或社会民主运动的作用比较突出，主要依靠民众的力量推动了政制转型。这类国家在转型过程中，公民权利运动轰轰烈烈，但社会动荡比较大，国家制度定型波折比较多。这类国家比较典型的是法国，法国直至第五共和国才基本实现了稳定的宪制。

第二，分权 - 宪制型。在这类国家中，往往有着理性化的分权制度传统，在现代政制转型中，经过一番波折，为这种理性化的制度传统披上现代的外衣，从而较为平稳地实现政制转型。这类国家比较典型的是英国。英国有着比较悠久的议会制度和司法独立传统，对于王权起到了制约作用。美国很大程度上借鉴了英国的制度。美国是一个新生的国家，就国家制度方面并没有现成的经验，但州主权先于国家主权的存在成为了分权制衡的重要机制，在此基础上形成了国家层面的分权的制度安排。这种制度安排很大程度上取材于古罗马的共和制，议会代表民主的因素，法院代表理性的因素，行政系统代表效率的因素，民众和精英具有普遍的宪制共识。

第三，威权 - 宪制型。在这类国家中，民族主义、国家利益在政制转型中发挥了重要作用。这往往发生在后发型宪制国家，这类国家一般受先发宪制国家的殖民或侵略的威胁，在国家危机意识的刺激下进行变革，因而国家利益往往显得比较重要，但是在建构了基本的现代国家制度框架后，尤其在二战后，随着社会经济的不断发展，社会力量得到进一步积聚，公民权利也取得了实质性的发展，从而实现威权政治转型。这类国家比较典型的是日本。日本在 19 世纪后期建立起了君主立宪政体，虽然依旧是君主制，但加入了“立宪”的因素，国会也相继召开。

民国初期是一种独特的“接近宪制”状态。表现为，公民权利的表面繁荣以及国家制度安排的动荡不定。关于民国初期的政治权利状况在许多影视作品中得到了表现，在电影《建党伟业》上映后，民国初期的政治权利状况更是在网络上被戏剧性地夸大。今天，我们常把

“宪制”与“民主”放在一起来说，的确，以公民政治权利为核心的民主是宪制的重要要素，但是何以民国初期的政治权利发展未能带来国家的宪制安排呢？对比上述几种现代政制转型类型，第二种类型对于国情的要求比较高，不符合中国的情况。然而，在民国初期，许多政治精英恰恰倾向于模仿美国制度，最终越是模仿，就越是对中国能够实现现代转型表示失望。这说明，书本上的模仿并不可取，必须找到促成实现宪制的关键因素。从现象上看，中国比较类似于法国。但实际上，中国并不具有法国那样促使宪制实现的民主要素。法国早有等级会议传统，正如前文所论述的，等级会议是代议政治的母体。从社会方面来看，法国的社会领域要比中国更成熟，社会力量更加发达，享有政治权利的实际范围也更为广泛。作为历史上长期的中央集权国家，中国是否具有成为威权 - 宪制型的可能呢？威权 - 宪制型国家的典型日本是中国的邻国，与中国同属东方文化圈，具有较近的文化渊源，当时都面临西方侵略的威胁，似乎中国可以在现代转型中与日本更接近。但实际上中国同样不具有促成现代政制转型的威权因素。中国历史上有一种“合久必分、分久必合”的现象，在一个统一的帝国解体之后，往往不是立刻出现一个新的集权体制，而是要经历一定时期的地方割据。这是因为中国古代社会的中央集权是依靠强权控制和儒家意识形态而实现的，这种体制反而较建立在权利义务基础上的封建制更不稳定，在王朝末期，中央权威衰落与礼崩乐坏往往同时出现。在现代转型中，日本通过君主立宪、削藩、建立统一日本，凝聚了社会共识，解决了封建割据问题，各种力量之间达成了妥协。而在中国，随着清帝国的解体，传统的君 - 绅结构中的“君”被取消，绅士成为主要的或者说唯一的政治力量，但是绅士阶层所赖以维系的儒家意识形态也随之解体，绅士阶层作为政治主导者的合法性本身就存在问题，无法形成凝聚各社会阶层的共识，这个同质性的阶层也因内部的利益纷争而无法达成妥协。同时被压抑的地方绅士力量开始抬头，中央权威无法形成。有人认为，袁世凯主政时期尚且可以算作威权政治。这种说法实际上混淆了政治强人与威权政治，袁世凯是比较强势的政治人物，但是他主政时期的国家体制却不具有威权的特征。在该时期，中央对于地方的实际控制力大大削弱，该时期的制度设计也多取法欧美，对中央权力有颇多限制。袁世凯曾试图加强中央权威，建立威权体制，但最终未能实现。民国初期国家制度安排的动荡不定恰恰说明在当时中国缺乏通过威权推动政治转型的因素。民初的中国实际上呈现出的是一种"宪制幻象"，表面上看热热闹闹，但却无法实现宪制，因为缺乏实现宪制的要素。

具体而言，有以下几个国家建制层面的问题未能得到解决，从而未能实现宪制安排：

第一，中央与地方关系问题。地方主义在清朝末年开始兴起，太平天国运动已经表明了中央权威的衰落。地方咨议局的兴起代表了地方绅士力量的崛起，甚至于在对抗中央集权上，地方咨议局比资政院发挥了更大的作用。辛亥革命之后，随着统一帝国的解体，地方主义得到了更大的发展。"辛亥革命中'独立'各省不仅拥有立法、财政、内政权力，而且还据有属于全国性政府的外交、军事权力。"[1] 依

---

[1] 严泉：《失败的遗产——中华首届国会制宪，1913-1923》，广西师范大学出版社，2007 年，7 页。

靠地方主义颠覆王权之后，应该按照联邦主义的路径建国，但是由于中国自古以来以中央集权国家形态为主，地方政权的主权合法性不足，尚不具备建立联邦主义、中央与地方按照宪制框架实现共治的基础条件，因而虽然在20世纪20年代兴起了联省自治运动，却也是无疾而终。民初的地方主义无法给出一个稳定的秩序，必然导致军阀割据。整个北洋政府时期，都未能解决中央与地方关系问题，地方主义与军事割据进一步结合。

第二，军队国家化问题。军队国家化是宪制国家的重要内容。但不是说，军队国家化了，就一定是宪制国家。中国传统的大一统国家也是军队国家化的模式，中央防止军队地方化或私人化的办法一般是不时调动各地的军官，正所谓“将不专兵”。但这也不是包治百病的灵丹妙药，君权的衰弱和国家动荡往往与军队的地方化或私人化有关。在清朝结束之时，也出现了军队地方化或私人化的情况，这也就是后来军阀形成的基础。传统上，遇到军队地方化或私人化的局面，一般是通过战争来解决的。然而，成功的代议政治可以提供一种战争之外的解决军队地方化或私人化问题的途径，通过政治民主化确立政权的合法性，从而实现军队的国家化。无奈，民初的代议政治未能成功，随之而来的是军阀纷争。面对这种局面，国民党人意识到有必要拥有一支党的军队，由此开始了“党指挥枪”的历史。结束军阀纷争的是一党政治。

第三，国家的汲取能力问题。宪制不仅是限制国家权力，同时也是对国家权力的一种证成。比如美国制宪建立了一个有限政府，但是细读当时制宪中的辩论会发现，其核心问题是证明联邦政府的合理性和合法性。实际上增强国家的汲取能力正是许多国家现代化的一个主要动力。反观中国民初，随着帝制的解体，中央政府的权威衰落，共和制度并未增强国家的汲取能力。①

民国初期，虽然我们具有了宪制共识，但与西方宪制以个人主义观念为核心不同，我国的宪制观念更多地体现为一种实用主义的立宪观，也就是为了结束国家动荡、实现国家富强。精英们对于如何构建国家制度争论不休。在此种情况下，政治权利的发展更多地体现为自发性。上述问题未能得到解决既与政治权利的发展状况相关，也制约了政治权利的良性发展。

那么，是否可以说民初的中国依然是传统政治“治乱循环”的一种延续呢？笔者认为，民初政治是一种转型政治，不同于传统政治，因为在这个过程中出现了具有现代意义的政治权利，并且基于公民政治权利而出现了代议政治、政党政治、现代官僚制等的雏形。因而，笔者称之为“接近宪制”，而非传统政治。实际上，这也是中国近代史上唯一一个接近现代政治的时期。正如前文所述，现代政治与传统政治的区别在于依赖于一套制度理性，从而实现宪制框架下的相对稳定。具体到中国的语境，中国的传统政治以统一意识形态控制下的一体化国家为特征。任何国家治理都需要一定的意识形态，或者说统治的说法，但不是所有国家都会形成统一意识形态对社会诸领域的超强控制，从而以一体化国家的模式抑制社会领域的生长。民国建立，

① 一般认为，民主制相对于专制更利于增强国家的汲取能力，参见毕竞悦：“宪政与国家税收——1688-1815 年的英国”，北京大学硕士毕业论文，2005 年。

传统的儒家意识形态统治终止，虽然当时共和观念成为主导观念，但是共和国的目标是要建立一个宪制框架，也就是实现制度理性，这与传统政治中的意识形态统治是相对的，可以说民国初期是一个去意识形态的时期，而这个时期很短暂，随后便被国民党的一体化国家所终止了。

二、社会力量与现代建国

社会是处于个人和国家之间的一个相对自治的领域。公共领域则是发育较为成熟的社会。按照哈贝马斯的界定，“所谓公共领域，我们首先意指我们的社会生活中的一个领域，某种接近于公众舆论的东西能够在其中形成。向所有公民开放这一点得到了保障。……当公民们以不受限制的方式进行协商时，他们作为一个公共团体行事——也就是说，对于涉及公众利益的事务有聚会、结社的自由和发表意见的自由。在一个大型公共团体中，这种交流需要特殊的手段来传递信息并影响信息接受者。今天，报纸、杂志、广播和电视就是公共领域的媒介。当公共讨论涉及与国务活动相关的对象时，我们称之为政治的公共领域。”①

立宪建国有赖于社会力量的生长和公共领域的形成。反过来，宪制的发展促进了公民政治参与，也有利于社会力量的壮大和公共领域的完善。

---

① 哈贝马斯 :《公共领域的结构转型》，曹卫东、王晓珏、刘北城、宋伟杰译，上海 :学林出版社，1999 年。

民国初期，宪法的萌生具有一定的自发性，从社会结构上看，这种自发性源自于中国社会的自组织能力。中国传统社会虽然没有一个成熟的公共领域，但是社会某种程度上具有自组织性，绅士发挥着重要的社会作用。在旧的一体化结构解体之时，社会得以发展，虽然这时的社会是一种零散的状态，但是仍给宪法的生长以空间。

与西方封建制不同，中国古代社会建立起了中央集权体制，但是集权体制不等于极权体制，中国传统的国家仍然为社会预留了空间。"士"是非常具有中国特色的一个阶层。在古代社会，上层绅士构成了国家正式治理的力量，而下层绅士和退休官员构成了中国的社会自治力量。在上层绅士、下层绅士和退休官员之间也存在着一定的循环关系，上层绅士在退休后返乡成为乡村自治的力量，退休官员也可能会复出，重新成为官僚集团的一分子，下层绅士可以通过科举进一步成为上层绅士。从晚清资政院和地方咨议局的实践可以看出，这些人正是中国近代以来宪制发展的支撑力量。

近代以来，传统的"士"开始向城市绅士转型，由依附于官僚体系的"士"逐渐转变为具有现代意义的公民。绅士城市化把传统绅士的乡村自治传统带到了城市，促进了公共领域的萌生。与之相应，出现了大量的现代新式学堂。实际上，新式学堂自洋务运动时起便开始兴办，培养了大批具有新式知识的知识分子，为传统"士"的转型提供了知识条件。绅士城市化"是一体化解体的中心环节，导致传统绅士被新知识分子取代，牵动了一系列一体化解构之链锁"。[①] 在民国

① 金观涛，刘青峰：《开放中的变迁》，法律出版社，2011 年，127 页。

初期，政治权利的主要行使者便是这些传统绅士以及由其转型而来的城市绅士。

从民国初期的官吏任职和议员身份情况看，民国政府与晚清政府保持了一定的稳定性。辛亥革命主要是一场政治革命，改变了国体的性质，而非社会革命。辛亥革命后，原来的社会领域不仅在一定程度上得以保存，而且随着清帝国的解体，社会力量进一步释放，获得了新的发展空间，言论自由、结社自由的发展都说明了这一点。

然而，当时社会力量还不足以对抗国家权力，社会中多元的政治力量并未形成。首先，缺少多元政治力量。在中国古代，虽然形式上所有人（主要指男性）都拥有参政权，但实际上，只有认同儒家意识形态的人才能参政，也就是说参政权是附属于意识形态统治的。随着科举的废除以及民国的建立，儒家的意识形态统治瓦解了，公民获得了更为平等的参政权，但由于历史上其他阶层缺乏有效的政治权力，未能形成多元政治力量，实际上能够参与到政治中的人依旧是绅士阶层，只是由传统的士大夫转变为以城市绅士为主体。由传统绅士到城市绅士，绅士的社会代表性反而更弱了。传统绅士与乡村自治联系在一起，而在新兴的城市绅士身上，这些联系的纽带和身份认同都断裂了。由于中国资本主义发展的迟缓，城市绅士阶层应该代表的资产阶级力量还很薄弱。新发展起来的城市小中产阶级（包括小商人、工匠、学生、职员等）也基本被排斥在政治参与之外。

其次，“士”阶层本身无法成为有效的对抗权力的力量。传统“士”阶层的存在是中国的一个特色，他们主要是符合儒家意识形态标准的精英人士。在中国转型的过程中逐渐形成了一个“绅士公共空间”，金观涛、刘青峰认为，应该重视中国现代社会形态的本土起源。[①] 毕竟中国有着与西方不同的国情，宪制的发育应该利用中国自身的资源。但为何以士为主体的公共空间无法带来中国现代政治转型呢？这就需要探究宪制的根源。所谓宪制，简单来说就是限制权力，要限制权力就需要具有实质性的力量。西方宪制的发育与承担纳税义务的有产者阶层争取权利的斗争有关，有产者阶层凭借自身的经济实力限制国家权力。实际上，现代国家的建立很大程度上是一个增强国家汲取能力的过程，这个时候就需要政治权力与人民之间的冲突、妥协与合作。中国自古以来存在着的税率递减制则抑制了士阶层限制权力的动机，而更愿意与政治权力一起分赃。在君权制下，绅士阶层缺乏对抗权力的实质力量，在儒家意识形态之下，君权与绅权是相互依托的，中国古代社会的王朝更替一般是由农民起义或军阀割据推动的，而没有绅士起义。随着君权的解体，绅士阶层成为唯一的重要的政治力量，他们本身缺乏限制国家权力的动机和愿望。在民初的宪制实践中，以绅士阶层为主体的政治权利得到了彰显，但国家制衡机制却残缺不全，各方围绕国家建制争论不休。

当转型的推动者成为转型的既得利益者，进一步转型的动力便缺失了，此时出现了大量的绅民冲突，如 1910 年，广西岑溪知县“联合地方绅士，藉办地方新政，遇物加抽”激起民变。[②] 据统计，在清朝最后十年全国各地为数上千次的“民变”中，直接体现出绅民冲突

① 金观涛，刘青峰：《观念史研究》，法律出版社，2010 年，72 页。

② 中国史学会主编：《辛亥革命（第 3 册）》，上海人民出版社，上海书店出版社，2000 年，374 页。

的事件至少有300多件次，且呈逐年递增的态势。[1]继而，随着乡村精英的城市化，乡村为“土豪劣绅”所控制，乡村的公共领域反而出现了倒退的迹象。

绅士城市化也给城市带来了新的社会结构性问题。在中国传统社会，士通过科举进入官僚系统，在辞官之后返乡成为地方绅士，这里存在着官场与民间、城市与乡村的衔接纽带。而随着科举的废除，同时大量绅士城市化，接受新式教育的绅士不一定能够进入官僚系统，这就需要有大量社会领域的职业吸纳这部分人群。西方现代国家的形成是经历了漫长的市场经济发展和启蒙运动时期，而中国是在西方的挑战之下被动回应进行现代国家的建设，社会领域尚不成熟，社会领域的职业也发展迟缓。其实当时大量绅士的城市化有点类似于今天的农民城市化，带来了社会结构的新问题，不过城市化的农民主要是民生诉求，而城市化的绅士则有着更多的政治诉求，一旦自身的境况不佳就会采取激进手段对抗政府。实际上，当时许多职业政治家正是来自于这类群体。

在社会领域发育不成熟的情况下，政治权利也是发育不良的——议会政治难以达成协商，言论自由难免相互攻讦，结社自由难免派系乱战，官僚来源难免鱼龙混杂……

值此之时，可以有两种选择：一是培育社会力量和公共领域，在此基础上建立一个成熟的现代国家；二是通过国家权力对社会进行改

---

① 参见王先明“士绅阶层与晚清‘民变’——绅民冲突的历史趋向与时代成因”，《近代史研究》，2008年，1月。

造。前一条路无疑是一个渐进而长期的过程。我国古代社会虽然存在一定的社会空间，但是以士为主导的社会阶层和以儒家伦理为主导的社会领域，具有对于官僚系统、国家权力很强的依附性。社会领域中具有政治力量的阶层主要为"士"，其他阶层缺乏有效的政治力量，从民国初期议会议员的身份结构情况便可以看出，代表新兴力量的资产阶级、工农阶层在政治中都缺乏有效的力量。这些决定了公共领域在中国的培育需要漫长的时间。在当时内忧外患的情况下，任由社会自生自发，显然令许多人担忧。民国初期处于一种弱国家状态，国家权力不足与政治权力不受约束并存，这样的国家形态也很难支撑起一个成熟的公共领域。而直接加强国家权力，在短时间内完成国家建构，实现政治动员，解决内忧外患问题则成了许多精英的选择。

国家自主性理论的代表人物曼（Mann）指出国家的基础权力（infrastructual power）与市民社会的发展存在着辩证地相互促进的关系。[①] 到底是先有好的社会，才有好的国家，还是先有好的国家，才有好的社会，这是一个鸡生蛋还是蛋生鸡的问题，不过，良好的国家与良好的社会是互相促进的则是肯定的。因而，加强国家建设并不必然导致对于社会的压制。国家与社会并不矛盾，而是相互支撑的。但是对于国家的过度迷信却极易导致国家主义，而国家主义则是与社会矛盾的。"我们在20世纪初期的中国所看到的决不是一个强大的国家，而仅是一种强大的国家主义的话语，……它赋予一个弱势的国家

① Mann. The Autonomous Power of the State: its origins, mechanisms and results[J]. *European Journal of Sociology*, 1985:185-212.

以扩张其职能、控驭社会的权力。”[①] 在救亡图存的目标下，我们由国家建设转向了国家主义，从而社会领域进一步受到挤压，政治权利的发展受到窒息。1924 年之后，国民党更是建构起一个党 - 国的新一体化国家结构。

三、一体化国家与走向革命

用国家权力去改造社会，在袁世凯时期已有体现。实际上，这样的一个过程也发生在诸多国家的现代转型之中。但就成功转型国家的经验来看，往往现代国家权力建构的过程与社会自治因素生长的过程是同步的，而在我国，这个过程却是在压制原有的自治因素。1914 年，袁世凯继前一年解散国会之后进一步解散了地方各级代议机构，削弱了地方精英的影响。前文已经述及，“士”阶层在中国现代转型中的局限性，但毕竟是一股重要的社会力量，而取消各级代议机构则进一步削弱了“士”阶层在社会自治中的作用。在科举废除、竞选无路的情况下，政治精英阶层出现了混杂的现象，军阀政治取代了“士”的政治。国民革命时期的国家建构过程更进一步偏向于国家权力。

所谓一体化国家，即国家主要用一套意识形态实现对于社会的全方位控制。当然，任何国家都有意识形态，但并不是所有意识形态都具有统摄一切、不允许多元思想并存的力量。金观涛、刘青峰认为，

① 杜赞奇认为，中国社会未能发展起来的原因是：国家弱，而国家主义的话语强。参见杜赞奇：《从民族国家拯救历史》，王宪明译，社会科学文献出版社，2003 年，162 页。

中国古代社会的治理模式是一种一体化结构，依赖于一套道德意识形态，以儒家伦理为核心，家庭伦理、日常伦理与国家伦理具有同一性。[①] 正是在这样一套道德意识形态之下，中国的传统社会虽然历经朝代更替，但是却没有发生根本的体制动摇。

随着 1905 年科举制的废除，儒家意识形态的统治宣告终结。关于儒家正统性的讨论是清末新政所不可回避的问题。这种思想上的转变是从士阶层开始的。以晚清资政院中的讨论为例，在讨论“无夫奸是否入罪”时，赞成票 77 票，可考的投票者中，钦选议员 39 票，民选议员 37 票；反对票 42 票，钦选议员 10 票，民选议员 32 票。[②] 一些研究中国社会史的人倾向于认为，儒家观念是中国传统，更为中国民众所认同，但实际上，在涉及儒家观念的“无夫奸”问题上，用现代法理反对传统儒家观念的人中，更为接近底层民众的民选议员占了多数。前文已经谈及，资政院的议员以“士”阶层为主，出于维护自身利益的考虑，多数支持儒家观念也属正常，但此时已经出现了分化，尤其是民选议员，对新思潮的接受力更强。在之后的民国首届国会中，几乎没有出现过这样的讨论，传统的意识形态已经断裂，代之以“共和观念”，在民国初年的《暂行报律》中便出现了对于“共和政体”的维护。然而，这种现代共和观念是与法理型统治相结合的，并不能重建传统的以意识形态为基础的统治。但把法律视作合法性来源在当时的中国还不具备条件，无论是以孙中山为代表的革命派，还

① 参见金观涛，刘青峰：《中国现代思想的起源（第一卷）》，法律出版社，2011 年。

② 参见《资政院议场会议速记录——晚清预备国会论辩实录》，李启成点校，上海三联书店，2011 年，667-668 页。

是袁世凯一派，梁启超一派，都没有把法律或规则放到一个更高的位置上。此时出现了重祭孔教大旗，发起尊孔运动的现象。然而，由于“孔教”的核心内容与现代政治之间的冲突，这场尊孔运动并未能挽回国家的政治认同危机。在经历了短暂的传统意识形态断裂之痛后，政治精英们开始构建新的意识形态统治，在本书研究的时间段中主要是国民党的三民主义。

国民党建立的新一体化国家与中国传统的一体化国家有着不同的特点，最主要的就是党 - 国体制，具有了现代国家的特征。国民党新的一体化体系的建构涵盖了本书所论述的几个方面，从党务、舆论到人事。这几个方面也体现出现代一体化国家与传统一体化国家的不同之处。但国家形式是现代的，而政治形式却并非现代性的。中国传统的一体化国家其一体性主要体现在家庭伦理与国家伦理的同一性，主要是依靠道德意识形态的统治。而党 - 国体制则通过党组织把国家权力深入社会诸领域，用国家意识形态统摄社会，是一种“政社一体化”。说它并非现代性的，则是因为这种体制压制了社会和个人的发展。现代性国家应该是国家、社会、个人之间都保有各自空间的一种和谐状态。

这段时间，中国经历了从形式意义上的共和国到党 - 国的转变，政治权利也经历了从自发发展到受到压抑。在军阀政治期间，虽然军阀混战，但是政治权利在一种弱国家状态下自发发展，尽管这种发展是不完善的。然而到了党国体制时期，政治权利则遭遇国家权力的重大压制。政治权利的发展需要的是社会领域的充分发展，虚弱的国家固然无法支撑良好的社会领域的发展，但是一体化的国家结构则完全是与社会领域的发展背道而驰的。

国民党党 - 国的一体化结构一定程度上结束了军阀纷争，但却带来了新的问题，这种一体化的国家结构对于民国初期自发发展的政治权利也产生了压制性的效果。国会的作用为党代会取代，政治型政党转向一体化政党，言论自由为宣传所取代，专业化的官僚制为以党统政的治理模式所取代……政治权利的发展需要一个成熟的公共领域，然而在民国初期，在国家权力与社会力量的博弈中，由于社会结构中并未形成有效的多元政治力量，政治权利的发展遭遇了挫折。

政治权利的发展轨迹与经济政策的发展轨迹是一致的。随着一体化国家的建立，私人资本受到抑制，官僚资本则愈发强大。通常把1927-1937 年视作中国经济的黄金十年，实际上，在此之前的那段时期，中国的经济发展更为发达。当时经济发展与政治权利一样，都是在一种弱国家状态下进行的，社会发挥了自组织的功能。张仲礼从各种经济史资料研究中发现，中国民族资本在 20 世纪 20 年代有着重大发展，直到 20 世纪 30 年代才出现停滞。例如棉纺业 1910-1919 年建厂为 13 家，而 1920-1929 年则为 45 家。卷烟厂 20 世纪 20 年代中职工人数增长 213% 之多。橡胶业到 20 世纪 20 年代后期才达全盛时代。火柴业、机器工业、针织业、水泥业、煤球业都存在类似情况。① 金观涛、刘青峰分析道，1928 年新一体化结构刚确立，政府就设立全国建设委员会。1932 年成立国防设计委员会。1933 年全国经济委员会实施“经济统制”，设立棉业、粮食、煤业等统制委员会，并开始建立

① 张仲礼：“关于中国民族资本在 20 年代的发展问题”,《社会科学》，1983 年，10 页。

各省公路。1934 年设中国建设银行。1936 年实业部联合南方六省组成中国植物油料厂股份有限公司，垄断桐油出口。1935 年国防设计委员会改名为资源委员会，隶属军委会，其干预经济行政权不断扩大，成为官办企业的大本营，抗战前，它已控制 80% 以上的钨、锑的生产和运输，并拟定了重工业建设的五年计划。从这个过程可以看到，一体化结构的建立会不可避免地促使官办企业的发展。[①] 直至抗战结束之后，这种国家主导的官僚资本主义愈演愈烈，造成严重通货膨胀，经济上问题的根源在于政治体制。

正如经济上的状况一样，国民政府下的一体化结构体现出了其脆弱的一面。首先，三民主义作为意识形态具有弱意识形态的特征，无法形成强有力的意识形态控制。三民主义中的“民权”与“民生”因素其本意都着重于发展社会领域，而非一体化国家。传统的儒家意识形态建立起了一种宗法一体化结构，它不仅实行于国家领域，还通过伦理规范的作用实行于社会家庭领域，而三民主义作为意识形态对于社会领域的控制力有限。

其次，国民党的一体化体制是以城市绅士为基础的，而以城市和城市绅士为基础又与一体化的国家体制具有内在的矛盾性。一方面，政治权利依然自发发展。国民政府虽然以官僚资本主义为主，但依然有市场的发展，这为社会的发展提供了条件，市场的发展与城市的发展是同步的，而城市正是“行宪的最自然的起点”。[②] 这些都为政治

① 金观涛，刘青峰：《开放中的变迁》，法律出版社，2011 年，355 页。

② 张佛泉：《自由与权利：宪政的中国言说》，清华大学出版社，2010 年，366 页。

权利的发展创造了条件。比如，在南京国民政府时期，民间的结社，尤其是非政治性结社依然蓬勃发展，政治言论自由、批评政府的权利虽然屡遭威胁依然得到了相当的保持。另一方面，国民政府政治体制上的一体化在本质上是抑制政治权利的。这样，不可避免造成城市精英阶层与国民政府之间的冲突。在国民党统治大陆的晚期，一些反对政府的运动大多是由城市精英发起的，他们很多人本身享受着较工农更多的政治权利，或者本身也是既得利益者，同时他们的权利意识也更为强烈。传统绅士是与乡土秩序、家庭伦理联系在一起的，而新式知识分子一般脱离了乡村，往往与家庭之间也有一定的独立性。传统绅士如果无法进入正式的官僚系统，也不大可能造成太大的社会冲突。而涌向城市的新式知识分子，他们拥有新式思想，追求自由，富有激情，一旦对政府的政策不满，就可能激烈批评，甚至采取极端手段。而新的制度结构并未能充分解决新式知识分子的身份问题。谋生对于许多人而言依然是头等大事，拥有了知识，却没有相应的工作或地位，最容易引发不满。

再次，政治权利的实际享有者多为城市精英阶层虽然符合历史发展的一般规律，但是在当时的情况下，失去了对于广大工农的凝聚力，也将导致国家力量的不足。虽然民生主义意在整合更广大的民众，但对于广大农村缺乏必要的动员能力。原来的乡绅有着稳定的社会基础，在乡村生活中，是地方自治的力量，承担各种地方事务。在乡绅向城市绅士转变的过程中，由于原有中国城市的不发达、市民社会尚未形成，在新式知识分子未与城市资本主义结合之前，绅士的社会代表性反而变弱了。这一点体现在了许多民初职业革命家或职业政治家的身上。他们有政治抱负，但却缺乏对选民负责的意识，往往以自身立场或利益为取舍。

最后，一体化政党成为执政党存在着固有的问题。由于国民党实行了以党治国的方针，加入国民党对于仕途和名利都有好处，许多人加入国民党的动机也是功利的，在这种情况下，国民党的扩大实际上是在增加其离心力以及民众对其的不满，削弱了其意识形态统治的力量。

坊间流传着一种观点，即认为，政治权利太多会导致政权不稳，民初的政治乱象和国民党在大陆的失败都与此有关。而通过本书的分析，则可以看出，恰恰是政治权利未能得到很好的实现才蕴藏着政治危机。国民党在大陆的溃败不是因为政治权利发展的结果，而是党-国体制与作为意识形态的三民主义、资本主义的经济基础、以城市为中心的发展模式之间的固有冲突。

在政治权利与社会力量、国家建设之间存在着正相关性。社会力量的发展，虽然带来了多元利益群体，但是它们却往往易于达成某种符合普遍利益的共识；一体化国家虽然整齐划一，但是却脆弱不堪，内部的权力、派系斗争往往水火不容，甚至足以摧毁政权本身。民国初期之所以能够接近宪制，是由于社会的自发发展为之提供了可能，而最终未能实现宪制，则是由于在一个成熟的社会领域形成之前便受到了压制。没有公民社会、公共领域，即使革命在形式上改变了政体，但依然无法改变政治生态，混乱不可避免。无论是激进的革命，还是渐进的变革，要实现宪制，都首先需要建设公民社会，否则，国家依然会重蹈治乱循环的覆辙。

参考文献

（以作者姓氏拼音为序，无作者的文献按照文献名拼音为序，排在前面）

一、一手文献

（包括档案史料、民国时期报纸、回忆录、制度文件等）

[1]《大清法规大全》

[2]《德意志联邦共和国基本法》

[3]《东方杂志》

[4]《光绪朝东华录》

[5]《广州民国日报》

[6]《国民政府五中会议全案》，五中书局，1928

[7]《民国报》

[8]《民立报》

[9]《民权报》

[10]《申报》

[11]《五四爱国运动档案资料》，中国社会科学出版社，1980

[12]《岳阳市志》

[13]《政治周报》

[14]《中华文史资料文库》，中国文史出版社，1996

[15]《资政院议场会议速记录——晚清预备国会论辩实录》，李启成点校，上海三联书店，2011

[16] 杜春和等编：《北洋军阀史料选辑》，中国社会科学出版社，1981

[17] 刘寿林等编：《民国职官年表》，中华书局，1995

[18] 刘以芬：《民国政史拾遗》，上海书店出版社，1998

[19] 倪延年：《中国报刊法制发展史（史料卷）》，南京师范大学出版社，2006

[20] 夏新华等主编：《近代中国宪政历程：史料荟萃》，中国政法大学出版社，2004

[21] 张枏，王忍之编：《辛亥革命前十年时论选集》，生活·读书·新知三联书店，1977

[22] 中国第二历史档案馆：《国民党政府政治制度档案史料选编》，安徽教育出版社，1994

[23] 中国第二历史档案馆：《中华民国档案史料丛书》，江苏古籍出版社

[24] 中国第二历史档案馆：《中华民国档案史料汇编》，江苏古籍出版社

[25] 中国第二历史档案馆编：《中国国民党第一、第二次全国代表大会会议史料》，江苏古籍出版社，1986

[26] 中国史学会主编：《辛亥革命》，上海人民出版社，上海书店

出版社，2000

二、二手文献

1. 专著类

[27] 伯林：《自由论》，胡传胜译，译林出版社，2011

[28] 陈志让：《军绅政权——近代中国的军阀时期》，生活·读书·新知三联书店，1980

[29] 章开沅主编：《戴季陶集》，华中师范大学出版社，1990

[30] 杜赞奇：《从民族国家拯救历史》，王宪明译，社会科学文献出版社，2003

[31] 方汉奇主编：《中国新闻事业通史》，中国人民大学出版社，1992

[32] 费约翰：《唤醒中国：国民革命中的政治、文化与阶级》，李恭忠等译，三联书店，2004

[33] 费正清等编：《剑桥中国晚清史》，中国社会科学出版社，1985

[34] 费正清等编：《剑桥中华民国史》，杨品泉等译，中国社会科学出版社，1994

[35] 戈公振：《中国报学史》，中国新闻出版社，1985

[36] 哈耶克：《自由秩序原理》，邓正来译，生活·读书·新知三联书店，1997

[37] 陈义钟编校：《海瑞集》，中华书局，1962

[38] 黄宗羲：《明儒学案》

[39] 黄宗羲：《明夷待访录》

[40] 霍尔姆斯，桑斯坦：《权利的成本——为什么自由依赖于税》毕竟悦译，北京大学出版社，2004

[41] 基佐：《欧洲代议制政府的历史起源》，张清津、袁淑娟译，上海：复旦大学出版社，2008

[42] 金观涛，刘青峰：《观念史研究》，法律出版社，2010

[43] 金观涛，刘青峰：《开放中的变迁》，法律出版社，2011

[44] 金观涛，刘青峰：《中国现代思想的起源》，法律出版社，2011

[45] 李剑农：《中国近百年政治史》，复旦大学出版社，2002

[46] 李俊清：《现代文官制度在中国的创构》，生活 · 读书 · 新知三联书店，2007

[47] 吴松等点校：《饮冰室文集点校》，云南教育出版社，2001

[48] 梁启超：《饮冰室专集》，中华书局，1936

[49] 林代昭主编：《中国近现代人事制度》，劳动人事出版社，1989

[50] 刘小枫选编：《施米特与政治法学》，上海三联书店，2002

[51] 曼：《社会权力的来源》，刘北成，刘少军译，上海人民出版社，2002

[52] 密尔：《代议制政府》，汪瑄译，商务印书馆，1997

[53] 米克尔约翰：《表达自由的法律限度》，侯健译，贵阳贵州人民出版社，2003

[54] 钱实甫：《北洋政府时期的政治制度》，中华书局，1984

[55] 瞿同祖：《清代地方政府》，法律出版社，2003

[56] 斯塔萨维奇：《公债与民主国家的诞生——法国与英国，1688-1789》，毕竟悦译，北京大学出版社，2007

[57] 中国社科院近代史所等编：《孙中山全集》，中华书局，1985-1986

[58] 唐德刚：《袁氏当国》，广西师范大学出版社，2004

[59] 托克维尔：《论美国的民主》，董果良译，商务印书馆，1987

[60] 汪晖：《去政治化的政治》，三联书店，2008

[61] 王奇生：《党员、党权与党争》，上海书店出版社，2009

[62] 王奇生：《革命与反革命》，社会科学文献出版社，2010

[63] 王栻主编：《严复集》，中华书局，1986

[64] 伍杰编：《严复书评》，河北人民出版社，2001

[65] 萧一山：《清史大纲》，上海古籍出版社，2005

[66] 谢彬：《民国政党史》，四川人民出版社，1987

[67] 徐小群：《民国时期的国家与社会——自由职业团体在上海的兴起，1912-1937》，新星出版社，2007

[68] 徐友春主编：《民国人物大辞典》，河北人民出版社，1991

[69] 徐中约：《中国近代史：1600-2000，中国的奋斗》，世界图书出版公司北京公司，2008

[70] 严泉：《失败的遗产——中华首届国会制宪，1913-1923》，广西师范大学出版社，2007

[71] 杨天宏：《政党建置于民国政制走向》，社会科学文献出版社，2008

[72] 章含之、白吉庵主编：《章士钊全集》，文汇出版社，2000

[73] 张佛泉：《自由与权利：宪政的中国言说》，清华大学出版社，2010

[74] 张灏：《梁启超与中国思想的过渡（1890-1907）》，江苏人民出

版社，1993

[75] 张朋园：《立宪派与辛亥革命》，吉林出版集团有限责任公司，2007

[76] 张朋园：《中国民主政治的困境，1909-1949》，吉林出版集团有限责任公司，2008

[77] 张千帆：《宪法学导论》，法律出版社，2004

[78] 张玉法：《民国初年的政党》，岳麓书社，2004

[79] 张玉法主编：《中国现代史论集：民初政局》，联经出版事业公司，1980

[80] 张之洞：《劝学篇》，中州古籍出版社，1998

[81] 张仲礼：《中国绅士：关于其在19世纪中国社会中作用的研究》，上海社会科学院出版社，1991

[82] 赵明：《近代中国的自然权利观》，山东人民出版社，2003

[83] 赵世瑜：《吏与中国社会》，浙江人民出版社，1994

[84] 智效年编著：《民主还是独裁——70年前一场关于现代化的论争》，广东人民出版社，2010

2. 文章类

[85]"民国时期的政权机构"，http://www.yw.gov.cn/glb/dfzj/bmz/ywrdz/fl/200710/t20071026_84252.html, 2011年11月16日

[86] 毕竞悦："宪政与国家税收——1688-1815年的英国"，北京大学硕士毕业论文，2005

[87] 陈来："儒家思想传统与公共知识分子——兼论现代中国知识分子的公共性与专业性"，载许纪霖、刘擎编.《丽娃河畔论思想——

华东师范大学思与文讲座演讲集》，华东师大出版社，2004

[88] 冯江峰："清末民初人权思想的肇始与嬗变"，中国政法大学博士论文，2006

[89] 沟口雄三："辛亥革命新论"，《开放时代》，2008年，4月

[90] 孙旭培等："法律是自由的'拯救者'——清末民初新闻自由评析"，《批判传播评论》，2011年1月

[91] 王润泽："津贴：民国时期中国新闻界的痼疾"，《新闻与写作》，2010年9月

[92] 王先明："士绅阶层与晚清'民变'——绅民冲突的历史趋向与时代成因"，《近代史研究》，2008年第1期

[93] 余英时："戊戌政变今读"，《二十一世纪（香港）》，1998年第2期

[94] 张玉法："民国初年的国会"，《近代史研究所集刊（台北）》，1984

[95] 张玉法："新文化运动时期的新闻和言论"，《近代史研究所集刊（台北）》，1994

[96] 张仲礼："关于中国民族资本在20年代的发展问题"，《社会科学》，1983年10月

[97] 赵晓力："近代中国'权利'观念的意义演变"，《近代史研究所集刊（台北）》，1999年12月

3. 外文类

[98]Almond, Gabriel. Comparative Political Systems[J]. *Journal of Politics*, 1964

[99]Franklin, Daniel P. & Baun, Michael J. (eds.). *Political Culture and Constitutionalism: A Comparative Approach* [M]. M. E. Sharpe Inc., 1994

[100]Friedman. *Backward Toward Revolution: The Chinese Revolutionary Party*[M]. Berkeley: University of California Press, 1974

[101]Ho, Ping-ti. *The Ladder of Success in Imperial China, Aspects of Social Mobility, 1368-1911*[M]. New York: Columbia University Press, 1962

[102]Mann. The Autonomous Power of the State: its origins, mechanisms and results[J]. *European Journal of Sociology, 1985*

[103]Marshall. *Class, Citizenship and Social. Development* [M]. New York: Anchor, 1965

[104]Pye, Lucian W. *Warlord Politics: Conflict and Coalition in the Modernization of Republican China*[M]. New York: Praeger, 1971

[105]Yu, George T. *Party Politics in Republican China: Kuomingtang, 1912-1924*[M]. Berkeley: University of California, 1966

附　录

民初宪法中的政治权利规定

在君主制时期，人们普遍公认君主统治的合法性，这种合法性主要来源是“君权神授”，而罕见对此合法性的质疑。在这种情况下，立法的内容主要是如何管理臣民，而不是赋予臣民权利。昂格尔把中国古代法称为管理型法。这种观念也体现在了中国近代第一部宪法性文件中。1908 年 8 月 27 日（光绪三十四年八月初一日）颁发的《钦定宪法大纲》主要规定了“君上大权”，附带着规定了“臣民权利义务”。首先，这部宪法是钦定，而非民定。其目的在于维护君权，而非促进民权。其中臣民的义务包括：1. 臣民按照法律规定，有纳税、当兵之义务；2. 臣民现完之赋税，非经新定法律更改，悉仍照旧输纳；3. 臣民有遵守国家法律之义务。权利包括：臣民中有合于法律命令所定资格者，得为文武官吏及议员；臣民于法律范围以内，所有言论、著作、出版及集会、结社等事，均准其自由；臣民非按照法律所定，不加以逮捕、监禁、处罚。臣民可以请法官审判其呈诉之案件；臣民应专受法律所定审判衙门之审判；臣民之财产及居住，无故不加侵扰。其中，前两项属于政治权利，并没有规定选举权和被选举权，体现了该法案的本质属性，并非现代意义上的主权在民的宪法。

民国成立后，随着“主权在民”的确立，政治权利正式进入了宪法之中，人民的政治权利有了宪法保障。民国时期的几乎每一部宪法或宪法性文件都规定了政治权利，纸面上的政治权利也成为新政权合法性的需要。但是在民初诸宪法或宪法性文件中，对于政治权利依然存在着一些限制性规定，是当时权利观的一种反映。

1912 年 3 月 10 日的《中华民国临时约法》把“人民”一章放在了总纲之后，体现了与传统社会的重大区别，把“民”放在了优先的地位。该文献中规定的政治权利有：人民有言论、著作、刊行及集会、结社之自由（第六条）；人民有请愿于议会之权（第七条）；人民有陈诉于行政官署之权（第八条）；人民对于官吏违法损害权利之行为，有陈诉于平政院之权（第九条）；人民有应任官考试之权（第十一条）；人民有选举及被选举之权（第十二条）。限制性规定：有认为增进公益，维持治安，或非常紧急必要时，得依法律限制之（第十五条）。关于公民义务的规定有：人民依法律有纳税之义务（第十三条）；人民依法律有服兵役之义务（第十四条）。

其中，限制性规定和公民义务都必须依据法律，采取法定主义原则。

1913 年 10 月 31 日国会宪法起草委员会拟定的《中华民国宪法案》（《天坛宪草》）规定的政治权利有：中华民国人民有集会、结社之自由，非依法律，不受限制（第九条）；中华民国人民有言论、著作及刊行之自由，非依法律，不受限制（第十条）；中华民国人民依法律有诉讼于法院之权（第十三条）；中华民国人民依法律有请愿及陈诉之权（第十四条）；中华民国人民依法律有选举及被选举权（第十五条）；中华民国人民依法律有从事公职之权（第十六条）。关于公民义务的规定有：中华民国人民依法律有纳租税之义务（第十七条）；中华民国人民依法律有服兵役之义务（第十八条）；中华民国人民依法律有受初等教育之义务（第十九条）。

《天坛宪草》对于两项政治自由权的规定，即言论自由和集会、结社自由的规定，只有依照法律才能做出限制，否则即为自由，也就是以自由为原则、以限制为例外。而对于请愿、陈诉、选举与被选举、从事公职的规定，须依据法律，也就是法律规定是享有这些权利的前提，并非自然而拥有的。对于诉讼并未特别强调行政诉讼，但是在当时已经出现行政诉讼的背景下，可以认为公民有此项权利。同样，关于义务的规定也采法定主义原则。

在 1916 年的修正案中，增加了："中华民国人民之自由权，除本章规定外，凡无背于宪政原则者，皆承认之。"[20] 这一条的含义就是"法无规定即自由"。宪法对于权利的规定主要采取列举的方式，对于没有列举出来的，只要法律没有限制，公民就享有自由。这一条规定弥补了宪法列举权利的不足。①

1914 年 5 月 1 日公布的《中华民国约法》（《袁记约法》）中关于政治权利的规定有：人民于法律范围内，有言论、著作、刊行及集会、结社之自由；人民依法律所定，有请愿于行政官署及陈诉于平政院之权；人民依法律所定，有应任官考试及从事公务之权；人民依法律所定，有选

① 夏新华等主编：《近代中国宪政历程：史料荟萃》，中国政法大学出版社，2004 年，452 页。

举及被选举之权（第五条）。关于公民义务的规定有：人民依法律所定，有纳税之义务；人民依法律所定，有服兵役之义务（第五条）。

这里，法律规定是所有政治权利的前提。根据传统自由主义的观念，政治权利，尤其是其中的政治自由，属于天赋权利，而这里却为政治权利附加了前提条件。

1919 年 8 月 20 日宪法委员会议决的《中华民国宪法草案》（《民八宪草》）中规定的政治权利有：中华民国人民有集会结社之自由，非依法，不受限制（第九条）；中华民国人民有言论、著作及刊行之自由，非依法，不受限制（第十条）；中华民国人民依法有诉讼、诉愿及请愿之权（第十三条）；中华民国人民依法有选举及被选举权（第十四条）；中华民国人民依法得从事公职（第十五条）。关于公民义务的规定有：中华民国人民应依法纳税（第十六条）；中华民国人民应依法服兵役（第十七条）；中华民国人民应依法服习国民教育（第十八条）。与《天坛宪草》的规定比较类似。

1923 年 10 月 10 日颁布的《中华民国宪法》（《贿选宪法》）中关于政治权利的规定有：中华民国人民有集会、结社之自由，非依法律，不受限制（第十条）；中华民国人民有言论、著作及刊行之自由，非依法律，不受限制（第十一条）；中华民国人民依法律有诉讼于法院之权（第十五条）；中华民国人民依法律有请愿及陈诉之权（第十六条）；中华民国人民依法律有选举权及被选举权（第十七条）；中华民国人民依法律有从事公职之权（第十八条）。关于公民义务的规定有：中华民国人民依法律有纳租税之义务（第十九条）；中华民国人民依法律有服兵役之义务（第二十条）；中华民国人民依法律有受初等教育之义务（第二十一条）。该法关于“法无规定即自由”的规定：中华民国人民之自由权，除本章规定外，凡无背于宪政原则者，皆承认之（第十四条）。该法与“天坛宪草”类似。

民国初期各宪法、宪法草案、宪法性文件关于政治权利的规定（1912–1928）[①]

	临时约法	天坛宪草	袁记约法	民八宪草	贿选宪法
言论	√	√	√	√	√
集会	√	√	√	√	√
结社	√	√	√	√	√
请愿于议会	√	√		√	√
陈诉于行政官署	√	√	√	√	√
行政诉讼（诉讼）	√	√	√	√	√
担任公职	√	√	√	√	√
选举与被选举	√	√	√	√	√
纳税义务	√	√	√	√	√
服兵役义务	√	√	√	√	√
受教育义务		√		√	√
限制性规定	√				
法无规定即自由		√			√

① 本表统计依据的宪法文本，参见夏新华等主编：《近代中国宪政历程：史料荟萃》，中国政法大学出版社，2004年。

权利虽然由法律所规定和保障实施，但是权利却并不是法律所赋予的，而是人生而有之的，法律只是对人的权利进行了确认并提供了具体的保障。因而，在美国建国之时并没有《权利法案》，《权利法案》是后来加上去的。而在民国立宪史上，虽然中国的宪法并不完备，宪法文化并不发达，但几乎每一部宪法和宪法性文件都规定了“权利法案”。对于中国这样一个缺乏权利传统的国家，如此规定具有重大的意义，而不能以现实中权利的不完备状态予以责难。当然，纸上的权利并不等于实际中的权利。

北洋政府时期查禁报刊情况

1912 年上半年，陈炯明代理广东都督时，查封广州《公言报》和《佗城独立报》，杀害报人黄世仲和陈听香。

1912 年，绍兴军政分府都督王金发，在受到《越铎日报》批评后，竟纵容手下士兵砸毁该报馆，工作人员 17 人被殴打致伤。

1912 年 5 月，戴天仇针对四国银行垫款事件，谩骂唐绍仪、袁世凯，公共租界以该文鼓吹杀人，将戴天仇拘捕。然而唐绍仪没有耿耿于怀，而是以国务总理身份致电上海交涉司与租界当局交涉释放。

1912 年 6 月，内务部总长赵秉钧派出军警 200 多人，包围打砸北京《中央新闻》，绑走工作人员 11 名；8 月，袁世凯通过法国驻华公使，指令天津租界当局，将《民意报》逐出租界；8 月 8 日，黎元洪下令查封武汉《大江报》，后又杀害该报编辑凌大同；其后半年内，先后查封《民心报》《民听报》《群报》《民哭报》《民言年报》等报纸。

1913 年 8 月 14 日，上海淞沪警察厅奉袁世凯政府令发布《禁售乱党机关报纸》的通告，称“民权、民立、民强各报，专为乱党鼓吹异说，破坏民国，捏造事实……亟应从速禁售，以免淆乱人心”。

1914 年 3 月 14 日，因披露鄂督段芝贵强买女伶王克琴进献给袁世凯之子袁克定一事，汉口《大汉报》以“泄漏秘密，鼓吹乱党，散布谣言，希图煽惑”等罪名遭查封，社长胡石庵、编辑记者朱钝根等 13 人被捕，胡石庵被判刑 3 年 10 个月，朱钝根被判 1 年 1 个月，另有两人被判 3 个月。

7 月 25 日，陆军部以北京《醒华报》一则新闻涉及军事机密为由，罚令停刊 3 天，将负责人押送警厅。

8 月 14 日，鄂督段芝贵以反袁的罪名杀害了原《大汉报》编辑余慈舫。他写过一篇《好恶的狗》，段芝贵乳名贵狗，因此怀恨在心。

1914 年 10 月 29 日，北京《亚细亚报》被控违反《报纸条例》，黄远生以被告辩护律师身份两次出庭辩护，《申报》曾刊出他的辩词。最后以地方审判厅判决《亚细亚报》无罪而结案。

12 月，香港《真报》主笔毛仲莹因有公开反对袁世凯的言论，在回内地探亲期间，竟被龙济光诱捕杀害。

1915 年 10 月，查禁上海《时事新报》，因任意造谣，意图扰乱，实属妨害治安。具体原因，一是“言论颇多与政府主张反对之谈”；二是登载谣言，涉及武汉暴动、北兵南下、长沙兵变、湖南土匪猖獗等；三是上海各报所登载密电伪稿为时事新报发送。

1915 年 11 月，要求取缔《顺天时报》，因为反对帝制。

1915 年 11 月，北京政府查扣上海《爱国报》夕刊《嘲皇帝》一文。

1915 年 11 月，内务部查禁上海《中华新报》，主要是涉及国体问题。

1915 年 12 月，外交部应日使要求取缔《黄钟日报》。该报登载了《劝阻帝政之隐幕原来如此》，《日天皇可谓忠厚之至矣》，影射袁世凯称帝。政府认为系捏造挑拨之词，殊于两国睦谊有碍。

1915 年 12 月，查禁上海《爱国报》，涉及国体问题。

1916 年 2 月 -3 月，内务部查禁《民信日报》，理由是反对帝制。

1916 年 2 月 9 日，京师警察厅通告各省查禁《人道》一书，该书鼓吹无政府主义，妨害治安。

1916 年 5 月 1 日，交通部查禁《无政府浅说》《平民之钟》等印刷品，因其主张无政府主义。

1918 年 9 月 24 日，《晨钟报》因揭露段祺瑞政府所操持的向日本秘密借款，与《国民公报》等十余家京津报纸、新闻通讯社被查封。同年 12 月，《晨钟报》易名《晨报》，1919 年又因著论攻击段祺瑞政府的御用国会——安福俱乐部——被停刊，不久恢复出版。

《京报》是 1918 年 10 月 5 日由邵飘萍创办的，着重报道和评述政局、战事。1919 年 8 月 22 日，因载文抨击曹汝霖亲日卖国而被查封，邵飘萍流亡日本，编辑潘公弼被捕监禁两个月。1920 年，安福政府倒台后，《京报》复刊，仍然坚持抨击军阀专制。1920 年秋安福政府倒台后，《京报》复刊，该报依然致力于批评军阀专制。1926 年，邵飘萍因支持国民革命军，反对直奉军阀，被张作霖捕杀，理由是宣传赤化。

1919 年 5 月 5 日，交通部查禁《进化》、《工人宝鉴》等印刷品，因其鼓吹社会革命及罢工。

1919 年 6 月，内务部等查禁《兵士须知》，因其提倡共产及无政府主义，煽惑军心。

1919 年 6 月，国务院等查禁《民声丛刻》及北京《实社自由录》，因鼓吹无政府主义。

1919 年 7-8 月，京师警察厅等查禁《平民周报》、《救国周刊》、《五七报》，理由是指摘政府，妨害邦交，论调极为偏激。

1919 年 8-9 月，国务院等查禁《近世科学与无政府主义》等七种印刷品，因传播无政府主义，煽惑人心。

1919 年 8-9 月，内务部与直隶省长公署查禁《天津学生联合会报》，理由是于公共安宁秩序显有妨害。

1919 年 8 月 29 日，京师警察厅查究报载军警殴打天津请愿代表消息布告，理由是报道不实。

1919 年 10 月 -11 月，外交部应日使要求查处北京《唯一日报》，由于恶骂日本天皇，有背国际礼仪。

1919 年 11 月，查禁了《浙江新潮》等，理由是主张改造社会、家庭革命、以劳动为神圣。

1920 年，国务院等查禁《国家与革命》及其他书刊，是针对俄国思想的传播。

1920 年，直隶省长公署等查禁《北京大学学生周刊》，内有《告军人》一篇，认为其意在煽惑军人弃其服从天职。

1920 年 4 月 12 日，直隶省长公署查禁《北京女高师半月刊》，因与时局甚有妨害。

1920 年 10 月，陆军部查禁《劳动界》等书刊，因煽惑工商各界劳动之人，并鼓动军学界，扩张过激主义。

1920 年，国务院函送查禁宣传过激主义书目的有关文件，是针对俄国思想的传播。

1920 年，直隶省长公署查禁《觉社新刊》，理由是主张改革社会，反对政府。

1920 年，新疆省长兼督军杨增新查禁《科塔尔书刊》，因倡行极端社会主义。

1920 年 7 月，内务部等查禁《光明》、《进化》等印刷品，因煽惑工人，实行社会革命。

1921 年 5 月，安徽省长公署查禁《劳动界》等书刊，理由是煽惑劳动，主张过激。

1920 年 5-6 月，直隶省长公署等查禁《旅俄六周见闻记》等，因传播俄国革命思想。

1921 年 7 月，吉林省长公署查禁韩文共产党印刷品。理由是，鼓吹过激主义，有害治安。

1921 年 10 月，交通部等查禁《无政府主义讨论集》及《好世界》，因其具有煽惑性质。

1921 年 12 月 -1922 年 1 月，交通部等查禁《救世音》，因其具有煽惑性质。

1922 年，京畿卫戍总司令部查禁《先驱》半月刊，理由是鼓吹社会共产主义。

1923 年，内务部查禁《工人周刊》，因鼓吹工人革命，颇含过激主义，与治安大局均有妨碍。

1925 年，湖北省取缔了一些白话报小报及通讯社，理由是“维风化而杜妄言”。

1927 年 5 月，上海市国民党部宣传部、警察局和上海地方法院联合行动，查封了一家黄色小报《花花世界》。

1926 年，《世界日报》社长成舍我因诋毁张宗昌被逮捕。

1926 年 8 月 6 日，《社会日报》社长林白水因得罪张宗昌被捕杀。

根据 1913 年 11 月 -1916 年 3 月内务部查禁中外报刊目录清单，查禁报刊原因如下：

《旧金山中华民国公报》，妨害治安。

《广东挟华报》，国民党所办。

《仰光觉民报》，妨害治安。

《四川醒群报》，宗旨不纯。

《共和三字经》，崇拜洪杨。

《共和三字经》，诋毁前清。

《广东竞业日报》，诋毁政府。

《日本民国月报》，妨害治安。

《旧金山少年晨报》，《旧金山民国杂志》，专攻政府。

《美国民国公报》，诬诋政府。

《新爱国歌》，《民国春秋》，《男女合读》，《新四书》，《民国还魂记》，《万应急救方》，诬诋政府。

《留日学生全体泣告全国同胞书》，妨害国交。

《救国须知》，大势去矣，势不两立，语多煽惑。

《上海爱国晚报》，《上海五七报》，《上海救亡报》，《上海公论报》，《救亡急进会宣言》，《救亡根本谈》，《纪念碑小说》，《中国白话报》，登载中日交涉事件。

日本寄来中日交涉真相，诬谤政府。

《海外中华国民必读》，主张革命。

《上海甲寅杂志》，《上海正谊杂志》，妨害治安。

《上海爱国报》，妨害治安。

《共和立宪同志会布告》，反对帝制。

《军人必读》，词意悖逆。

《海外维持国体联合会会启》，《古伯荃维持民国意见书》，语言煽惑。

日本寄来彭克荷撰王莽罪状并掬莽檄，《留日各校学生联合筹备会警告国内外同胞书》，反对帝制。

《云南国是报》，措词悖谬。

联合报访事拍发电报，淆惑观听。

法国邮局由云南寄来印刷电报六件，反对帝制。

《香港现象日报》，妨害治安。

《湘鄂各界同人泣告全国父老兄弟书》，《澳门华民维持国体联合会宣言书会章公启》，反对国体。

《江西留学生哀告江西父老书》，煽惑。

《上海周刊中华革新报》，鼓吹革命。

《大连湾泰东日报》，妨害治安。

日本寄滇女子唐家伟敬告全国女同胞印刷物，悖谬。

《天津公民日报》，反对帝制。

民意征实，假造文电。

《云南共和滇报》，《贵州铎报》，孙洪伊刷寄代表进步党敬告各友邦及誓告，言失实。

□民久已预备卷逃传单，长江流域中交两银行危急之现状传单，《中华民国进步党孙洪伊等敬告各友邦书》，孙洪伊等誓除国贼之布告，陆军部函请取缔。

河北同志会刷寄函件，不顾大局。

后 记

本书在我博士论文的基础上修改而成。日月如梭，转眼间，我博士毕业已经五年有余。在这五年中，我进入了不同的领域，接触到了更广阔的空间，对于事物有了更新的认识。回首来时路，感慨万千。

在写作本书的过程中，我同时对照观看了日本NHK电视台摄制的大河剧《坂上之云》与我国著名导演张黎拍摄的《走向共和》。《坂上之云》展现了日清甲午海战的情节，作为一个中国人在日剧中看此战，心情极其复杂。甲午海战是中国近代史中的一个巨大劫数。1840年之后，清廷在国际关系中基本处于劣势，用大炮打开中国大门、逼迫清廷签订不平等条约的都是西方国家，在西方的工业文明面前，东方大国已全无还手之力。而甲午战争则不同，打败中国的是我们的邻邦日本，同样是东方国家，同样是黄种人，而且在历史上很长的时间里，日本都是向中国学习的。这段历史的切肤之痛驱使我去思考中国近代转型的问题。

本书的写作还得益于网络。于当代学术研究而言，网络已经成为一个重要的工具，从图书、期刊论文的检索和下载，到资料搜集，观点倾向的观察，都可以借助于网络，而避免了以前学术研究中的奔波之苦。本书中所列表格，均为笔者整理统计，在制作的过程中，除参考传统书籍之外，还借助了百度百科、维基百科、百度搜索等网络工具，具体出处无法一一列出。

由于需要思考与静心，写作博士论文的过程却是一个与故旧疏远的过程。君子之交本就淡泊，但是心中却不会忘记那些曾经给予我帮助的师友们，也正是来自他们的鼓励使我能够在挫折时坚持理想。纸短情长，在此需要提及那些应该感谢的师友，但不是全部。

我的博士生导师高全喜教授是一位纯粹的学人，对学术充满着不知疲倦的热情。我的硕士生导师贺卫方教授是当代中国著名知识分子，他的为学为师令我崇敬，他也是我博士论文答辩委员会的成员。答辩委员会的北京大学李强教授、清华大学任剑涛教授、北京航空航天大学龙卫球教授都对论文提出了诸多有价值的意见，本书就是在这些意见的基础上修改而成。

我的博士论文写作之时，适值国内纪念辛亥革命一百周年，我参加了在北京大学举办的“百年中国的法政之道”研讨会，并宣读了论文的部分成果，与会专家杨念群教授等提出了富有真知灼见的意见。蒙沈开举教授、苏彦新教授、程雪阳博士邀请，我还与郑州大学师生交流了本书的部分内容。

自 2011 年起，在程广云教授的倡议下，我们组织了“民国政治哲学读书小组”，共组织读书活动十次，从法政理论、政治哲学的视角对民国时期的重要人物和重要事件进行解读，读书活动丰富了我对本书主题的理解。程广云教授还帮忙联系本书的出版事宜，罗庆老师玉成了此书的出版。高鸿钧教授、贺照田教授，多年来鼓励我的学术研究。此外，好友魏甫华、同门张伟亦对本书提出过修改建议。

2009年至2012年，我在《改革内参》编辑部工作，接触到许多政策领域的前沿问题，对现实问题的关照是本书的历史研究的出发点。2012年至今，我在神华研究院（现改名为国家能源集团研究院）工作，宽松而有序的工作环境为我的专业研究提供了保障。

最后要感谢我的父母和爱人，他们使我能有更多时间专心于研究。整个博士论文的修改过程实际上是我伴随孩子的成长过程，在这个过程中，我体会到了生命之美。

2017年10月17日

于北京

图书在版编目（CIP）数据

社会视角下的民初政治转型：1912-1928 / 毕竞悦著. --北京：华夏出版社有限公司，2020.10

ISBN 978-7-5080-9934-7

Ⅰ. ①社… Ⅱ. ①毕… Ⅲ. ①政治改革－研究－中国－1912-1928 Ⅳ. ①D693

中国版本图书馆 CIP 数据核字(2020)第 068154 号

社会视角下的民初政治转型：1912-1928

作　　者	毕竞悦
责任编辑	罗　庆
出版发行	华夏出版社有限公司
经　　销	新华书店
印　　装	三河市万龙印装有限公司
版　　次	2020 年 10 月北京第 1 版 2020 年 10 月北京第 1 次印刷
开　　本	880×1230　1/32 开
印　　张	6.75
字　　数	138 千字
定　　价	39.00 元

华夏出版社有限公司　地址：北京市东直门外香河园北里 4 号
邮编：100028 网址:www.hxph.com.cn
电话：（010）64663331（转）

若发现本版图书有印装质量问题，请与我社营销中心联系调换。